Jakob Müller

Performance Management im Vertrieb

Balanced Scorecard im Vertriebsmanagement

Bachelor + Master
Publishing

Müller, Jakob: Performance Management im Vertrieb. Balanced Scorecard im
Vertriebsmanagement, Hamburg, Diplomica Verlag GmbH 2012
Originaltitel der Abschlussarbeit: Performance Management im Vertrieb am Beispiel der
Balanced Scorecard

ISBN: 978-3-86341-385-9
Druck: Bachelor + Master Publishing, ein Imprint der Diplomica® Verlag GmbH,
Hamburg, 2012
Zugl. Fachhochschule Krems, Krems, Österreich, Bachelorarbeit, Mai 2012

Bibliografische Information der Deutschen Nationalbibliothek:
Die Deutsche Nationalbibliothek verzeichnet diese Publikation in der Deutschen
Nationalbibliografie; detaillierte bibliografische Daten sind im Internet über
http://dnb.d-nb.de abrufbar.

Die digitale Ausgabe (eBook-Ausgabe) dieses Titels trägt die ISBN 978-3-86341-885-4
und kann über den Handel oder den Verlag bezogen werden.

Dieses Werk ist urheberrechtlich geschützt. Die dadurch begründeten Rechte,
insbesondere die der Übersetzung, des Nachdrucks, des Vortrags, der Entnahme von
Abbildungen und Tabellen, der Funksendung, der Mikroverfilmung oder der
Vervielfältigung auf anderen Wegen und der Speicherung in Datenverarbeitungsanlagen,
bleiben, auch bei nur auszugsweiser Verwertung, vorbehalten. Eine Vervielfältigung
dieses Werkes oder von Teilen dieses Werkes ist auch im Einzelfall nur in den Grenzen
der gesetzlichen Bestimmungen des Urheberrechtsgesetzes der Bundesrepublik
Deutschland in der jeweils geltenden Fassung zulässig. Sie ist grundsätzlich
vergütungspflichtig. Zuwiderhandlungen unterliegen den Strafbestimmungen des
Urheberrechtes.

Die Wiedergabe von Gebrauchsnamen, Handelsnamen, Warenbezeichnungen usw. in
diesem Werk berechtigt auch ohne besondere Kennzeichnung nicht zu der Annahme,
dass solche Namen im Sinne der Warenzeichen- und Markenschutz-Gesetzgebung als frei
zu betrachten wären und daher von jedermann benutzt werden dürften.

Die Informationen in diesem Werk wurden mit Sorgfalt erarbeitet. Dennoch können
Fehler nicht vollständig ausgeschlossen werden, und die Diplomarbeiten Agentur, die
Autoren oder Übersetzer übernehmen keine juristische Verantwortung oder irgendeine
Haftung für evtl. verbliebene fehlerhafte Angaben und deren Folgen.

© Bachelor + Master Publishing, ein Imprint der Diplomica® Verlag GmbH
http://www.diplom.de, Hamburg 2012
Printed in Germany

Inhaltsverzeichnis

1	Einleitung	1
1.1	Ausgangssituation und Problemstellung	1
1.2	Ziele der Arbeit	2
1.3	Methodische Vorgehensweise	2
1.4	Aufbau der Arbeit	3
2	**Grundlagen des Vertriebsmanagements**	4
2.1	Einordnung des Vertriebs in den Unternehmenskontext	4
2.1.1	Definition des Vertriebsbegriffs	4
2.1.2	Rolle und Aufgabe des Vertriebs im Unternehmen	5
2.2	Die Strategie als Basis der Vertriebsarbeit	6
2.2.1	Kunden im Mittelpunkt der Vertriebsstrategie	7
2.2.2	Inhalte der Vertriebsstrategie	7
2.3	Notwendigkeit und Funktion des Vertriebsmanagements	8
2.3.1	Identifikation der Funktionen des Vertriebsmanagements	9
2.3.2	Planung der Vertriebsaktivitäten	10
2.3.3	Organisation des Vertriebs	12
2.3.4	Personaleinsatz im Vertrieb	12
2.3.5	Führung des Vertriebs	13
2.3.6	Kontrolle der Vertriebsaktivitäten	14
2.4	Spannungsumfeld des Vertriebsmanagements	15
2.4.1	Professionalisierungsbedarf im Vertriebsmanagement	15
2.4.2	Optimierungspotentiale zur Strategieumsetzung im Vertrieb	16

3	**Performance Management und Balanced Scorecard**	**17**
3.1	Differenzierung von Kennzahlensystemen	17
3.1.1	Grundlegende Definitionen zum Kennzahlenbegriff	17
3.1.1.1	Funktionen von Kennzahlen	18
3.1.1.2	Unterscheidung von Kennzahlen	18
3.1.1.3	Verbindung von Kennzahlen zu einem Kennzahlensystem	19
3.1.2	Finanzorientierte Kennzahlensysteme und Performance Management	20
3.1.2.1	Steuerung anhand finanzorientierter Kennzahlensysteme	20
3.1.2.2	Steuerung durch Performance Measurement und -Management	22
3.1.3	Kritische Reflexion zu finanzorientierten Kennzahlensystemen und Performance Management	23
3.2	Das Konzept der Balanced Scorecard	24
3.2.1	Ursache und Wirkung als Basis der Balanced Scorecard	25
3.2.2	Die Perspektiven der Balanced Scorecard	26
3.2.2.1	Die Finanzperspektive	28
3.2.2.2	Die Kundenperspektive	28
3.2.2.3	Die interne Prozessperspektive	29
3.2.2.4	Die Lern- und Entwicklungsperspektive	30
3.2.3	Verwendung von Kennzahlen in der Balanced Scorecard	30
3.2.4	Die Balanced Scorecard als Managementsystem	31
4	**Einsatz der Balanced Scorecard im Vertrieb**	**33**
4.1	Potentialanalyse der Balanced Scorecard im Vertrieb	33
4.1.1	Ganzheitliche Vertriebsplanung durch die Balanced Scorecard	33
4.1.2	Abstimmung der Vertriebsorganisation auf die Strategie entlang der Balanced Scorecard	34
4.1.3	Systematische Personalentwicklung im Vertrieb anhand der Balanced Scorecard	35

4.1.4	Kommunikation der Vertriebsstrategie durch die Balanced Scorecard	36
4.1.5	Leistungsbezogene Entlohnung auf Basis der Balanced Scorecard	37
4.2	Problembereiche der Balanced Scorecard im Vertrieb	39
4.2.1	Problembereich der Einführung der Balanced Scorecard	39
4.2.2	Mangelnde Akzeptanz durch Mitarbeiter oder Management	40
4.3	Würdigung der Balanced Scorecard im Vertrieb	41

5	**Abschließende Betrachtung**	**42**
5.1	Zusammenfassung der Erkenntnisse	42
5.2	Fazit des Autors	45
5.3	Kritische Reflexion des Forschungsprozesses	46
5.4	Empfehlung zur weiterführenden Forschung	46

Literaturverzeichnis 47

Anhang 52

Abbildungsverzeichnis

Abbildung 1: Die vier Perspektiven der BSC						27

Abkürzungsverzeichnis

BSC	Balanced Scorecard

PM	Performance Management

ROI	Return on Investment

VM	Vertriebsmanagement

ZVEI	Zentralverband der Elektrotechnischen Industrie

1 Einleitung

Die vorliegende Arbeit befasst sich mit dem Einsatz der Balanced Scorecard (BSC) als Variante des Performance Managements (PM) um das Realisieren strategischer Ziele im Vertrieb zu unterstützen. Dieses Kapitel behandelt die zugrundeliegende Problemstellung, um darauf aufbauend das Ziel der Arbeit durch das Formulieren der Forschungsfrage zu definieren. Im Anschluss beschreibt der Autor die methodische Vorgehensweise sowie den strukturellen Aufbau der Arbeit.

1.1 Ausgangssituation und Problemstellung

Das Vertriebsumfeld ist heute laut Homburg, Schäfer und Schneider (2010, S. 5) mehr denn je einem hohen Produktivitätsdruck und Anspruchsniveau von Kunden ausgesetzt. Während laut Pufahl (2010, S. 9) die Marktbedingungen Anfang des letzten Jahrhunderts für Unternehmen überschau- und planbar waren, ist das aktuelle Wettbewerbsumfeld von einem immer stärker werdenden Wettbewerbsdruck geprägt. Diese Entwicklung ist seiner Auffassung nach auf eine Vielzahl an Faktoren, wie erhöhte Anzahl der Markteintritte von konkurrierenden Unternehmen und der damit einhergehenden Verdichtung des Mitbewerberumfeldes, zurückzuführen. Auch der, durch den schnelleren und einfacheren Informationsaustausch durch Technologien wie dem Internet, bessere Informationsgrad von Kunden trug nach der Meinung von Piser (2004, S. 1) zur Verschärfung der Bedingungen bei. Demnach sind die Ansprüche von Kunden in Bezug auf Faktoren wie Preis und Qualität von Produkten und Dienstleistungen gestiegen.

Vertriebseinheiten müssen sich folglich laut Homburg et al. (2010, S. 1) mit Konzepten wie dem Customer Relationship Management sowie dessen Implementierung auseinandersetzen, um die geschilderten Herausforderungen zu meistern. Auch Müller (2005, S. 19) sieht in der geschilderten Intensivierung des Wettbewerbs die Grundlage für die Unerlässlichkeit einer strategischen Ausrichtung durch das Management um langfristigen Erfolg und dadurch die Existenz der Organisation zu sichern. Pufahl (2010, S. 10f) ergänzt, dass es „einer systematischen Analyse der Vertriebsaktivitäten" bedarf, um die Leistungsfähigkeit des

Vertriebs zu sichern. Dem Vertriebscontrolling kommt deshalb, sowie aufgrund der Stellung des Vertriebs als strategischer Erfolgsfaktor (Dannenberg & Zupancic, 2008, S. 2), heute hohe Bedeutung in seiner Kontroll- und Steuerungsfunktion zu.

Der Autor folgert daraus, dass der Umsetzung von strategischen Zielen im Vertrieb, sowie deren Überwachung, bei der Bewältigung der aktuellen Marktanforderungen besondere Bedeutung zukommt. Da traditionelle Kennzahlensysteme jedoch hauptsächlich auf monetäre Größen zur Überprüfung des Erreichungsgrades von Zielen ausgerichtet sind (Müller, 2005, S. 73), ist deren Eignung als Steuerungsgrundlage unter den beschriebenen Voraussetzungen zu hinterfragen.

1.2 Ziele der Arbeit

Basierend auf der Problemstellung ist es das Ziel dieser Arbeit die Anwendbarkeit von PM als Ansatz der Vertriebssteuerung mittels der BSC zu untersuchen.

Daraus resultierend ergibt sich folgende Forschungsfrage:

Wie kann die Balanced Scorecard im Vertrieb zur Erreichung strategischer Ziele beitragen und welche Potentiale bzw. Problembereiche ergeben sich dabei gegenüber der Anwendung rein finanzorientierter Kennzahlensysteme?

1.3 Methodische Vorgehensweise

Um dem von Rössl (2008, S. 68) beschriebenen Grundprinzip der Nachvollziehbarkeit wissenschaftlicher Arbeiten gerecht zu werden, legt der Autor folgend die, der Arbeit zugrundeliegende, Forschungsmethodik sowie die angewandte Vorgehensweise zur Beantwortung der Forschungsfrage dar.

Es handelt sich bei dieser Bachelorarbeit um eine reine Literaturarbeit. Im Zuge der Erstellung kamen keine empirischen Methoden der Forschung zur Anwendung. Der Autor sichtet die, in Hinblick auf die Beantwortung der Forschungsfrage, themenrelevante Literatur in Form von Fachbüchern und wissenschaftlichen Artikeln, sowie Internetquellen. Gemäß Mugler (2008, S. 48) werden die herangezogenen Quellen im Verlauf der Arbeit im Sinne der hermeneutischen Methodik diskutiert und kritisch reflektiert, um deren Aussagen über den Forschungsgegenstand zu erarbeiten. Die Aussage der Arbeit begründet sich folglich gemäß Rössl (2008, S. 177ff) auf der Diskussion der herangezogenen Quellen. Die wissenschaftliche Vorgehensweise erfolgt dabei nach Berger (2010, S. 90) logisch-deduktiv, wodurch Schlüsse von allgemeinen Erkenntnissen auf den Einzelfall vollzogen werden um dadurch neues Wissen zu schaffen.

Um die Prüfbarkeit der im Zuge der Arbeit gewonnen Erkenntnisse zu gewährleisten, werden Zitate gemäß dem Leitfaden für wissenschaftliches Arbeiten der IMC FH Krems gekennzeichnet und dokumentiert.

1.4 Aufbau der Arbeit

Basierend auf der Ausgangssituation und Problemstellung ist das zweite Kapitel der Arbeit den Grundlagen des Vertriebsmanagements gewidmet. Dabei werden nach der Einordnung des Vertriebsbegriffs die Bedeutung der Vertriebsstrategie sowie die Notwendigkeit und Aufgaben des Vertriebsmanagement (VM) erläutert.

Der dritte Abschnitt setzt sich mit der Differenzierung von traditionell finanzorientierten Kennzahlensystemen und dem PM auseinander. Hierbei steht vor allem die Identifikation wesentlicher Unterschiede in deren Eignung zur Steuerung des Vertriebs im Mittelpunkt. Darauf aufbauend wird die BSC als Variante des PM genauer auf ihren Aufbau und ihre Funktionsweise hin ausführlich analysiert.

Kapitel 4 stellt die Verbindung der im zweiten Abschnitt identifizierten Optimierungsbereiche des VM zur Realisierung der Vertriebsstrategie und dem Wirken der BSC her. Dabei wird dem Anspruch der logisch-deduktiven Vorgehensweise Rechnung getragen, indem die Erkenntnisse in Form der zusammenführenden Diskussion bezüglich der BSC im Anwendungsbereich des VM vollzogen wird.

Das abschließende Kapitel 5 dient der Zusammenfassung der wesentlichen Forschungserkenntnisse und vollzieht die Beantwortung der zugrundeliegenden Forschungsfrage in Form des Fazits des Autors, bevor dieser den Forschungsprozess kritisch reflektiert und seine Empfehlung zur weiterführenden Forschung formuliert.

2 Grundlagen des Vertriebsmanagements

Dieses Kapitel befasst sich mit den Grundlagen der Vertriebsarbeit. Im Vordergrund stehen dabei zum einen die Abgrenzung und Einordnung des Vertriebs im aktuellen Markt- und Unternehmenskontext. Zum anderen wird die Verzahnung der Vertriebsstrategie mit jenen anderer Unternehmensbereiche betrachtet und die wesentlichen Inhalte der Vertriebsstrategie vorgestellt. Zentraler Punkt dieses Abschnitts bildet die Bearbeitung des VM und den unter diesem Begriff gebündelten Funktionen zur Steuerung des Vertriebs sowie der Identifikation der Problemfelder in Bezug auf die Realisierung der Vertriebsstrategie.

2.1 Einordnung des Vertriebs in den Unternehmenskontext

In der Literatur existiert keine einheitliche und allgemein anwendbare Definition des Vertriebsbegriffs. Dies führen Specht und Fritz (2005, S. 36) darauf zurück, dass „absatzpolitische Instrumente stets kombiniert eingesetzt werden" und „die Abgrenzung von Distributionsaktivitäten gegenüber sonstigen Marketingaktivitäten bisher nur unvollkommen gelang". Der Autor sieht deshalb die Notwendigkeit das gegenständliche Forschungsobjekt für den Rahmen dieser Arbeit zu definieren.

2.1.1 Definition des Vertriebsbegriffs

Sowohl Pepels (2010, S. 468f) als auch Lechner, Egger und Schauer (2008, S. 459f) ordnen den Vertrieb in den Bereich der Absatzwirtschaft ein, welcher seinerseits wiederum als Funktion der Distributionspolitik dem Marketing zugeordnet werden kann. Dieser Einordnung stimmen auch Specht und Fritz (2005, S. 37) zu, indem sie den Verkauf als Teil der Distributionspolitik sehen.

Dieser Betrachtung stimmt Winkelmann (2010, S. 282ff) teilweise zu, obgleich seine Argumentation zeigt, dass der Vertrieb nicht bloß als Werkzeug oder gar Synonym für Distribution gelten darf, da die Bedeutung des Vertriebs über eine reine Warenverteilung hinausgeht. Die Begründung sieht er darin, dass Distribution im Sinne der Warenverteilung nicht zwangsläufig kundenorientiert ist, weshalb sie den aktuellen Anforderungen kundenorientierter Unternehmen nicht gerecht werden kann. Er verlangt deshalb eine Betrachtung des Vertriebs als Begriff für jene Unternehmensfunktion, die den Verkauf zur Hauptaufgabe hat und daneben Komponenten der physischen Distribution umfasst. Dieser Forderung werden Dannenberg und Zupancic (2008, S. 4) gerecht, die in deren Definition des Vertriebs einen Schwerpunkt auf den Verkauf legen.

Der Autor sieht in den dargestellten Betrachtungen einen Konsens über die Zugehörigkeit des Vertriebs zur Absatzwirtschaft. Weiters stellt Winkelmanns Einwand bei genauerer Betrachtung keinen Widerspruch zu den Meinungen von Lechner et al. sowie Specht und Fritz dar. Vielmehr kann dieser als weitere Präzisierung dahingehend verstanden werden, dass die Distributionspolitik ihren Schwerpunkt laut Winkelmann (2010, S. 286) in der Warenverteilung besitzt, während der Vertriebspolitik den kundenorientierten Verkauf in den Vordergrund rückt.

Im Hinblick auf die Beantwortung der Forschungsfrage erachtet der Autor die weitere Diskussion ob der begrifflichen Ausgestaltung von Distributions- und Vertriebspolitik als nicht angemessen. Im Verlauf dieser Arbeit wird deshalb der Vertrieb in den Worten von Hesse (2004, S. 19) „als organisatorische Einheit eines Unternehmens verstanden, die die vertriebspolitischen Ziele, Strategien und Maßnahmen koordiniert und umsetzt".

2.1.2 Rolle und Aufgabe des Vertriebs im Unternehmen

Die Frage nach der Rolle des Vertriebs im Unternehmen kann anhand der getroffenen Definition abgehandelt werden. Der Autor erachtet dabei die Faktoren der organisatorischen Einordnung, sowie die vertriebspolitischen Aufgaben, als geeignete Parameter, um die Rolle und Bedeutung des Vertriebs zu verdeutlichen.

Winkelmann (2003, S. 3) sieht in Bezug auf die organisatorische Einordnung des Vertriebs mit dem amerikanischen und dem europäischen Modell zwei unterschiedliche Ansätze. Während das amerikanische Modell den Vertrieb der Distributionspolitik im Sinne eines der vier Marketinginstrumente zuordnet, existiert im europäischen Raum, vor allem in der Praxis, eine strikte Trennung in Marketing und Vertrieb. Diese Aussage wird von Kaapke, van Baal, Pfaffhausen und Pfeil

(2007, S. 12) bekräftigt, die in der Praxis ein theoretisches Verständnis des Vertriebs im Sinne des amerikanischen Modells vorfinden, während in der Unternehmensorganisation eine strikte Trennung von Marketing und Vertrieb, auf gleicher hierarchischer Ebene, vorzufinden ist.

Der Autor sieht die organisationsbezogene Antwort der Praxis auf die Theorie in den veränderten Marktbedingungen, wie sie in der Einleitung beschrieben wurden, begründet. In der Literatur (Dehr & Donath, 1999, S. 5; Homburg et al., 2010, S. 5; Pufahl, 2010, S. 9) herrscht Einigkeit darüber, dass die veränderten Marktbedingungen großen Einfluss auf das Wirken von Unternehmen haben. Dabei wird allen voran die Notwendigkeit der Kundenorientierung als oberste Maxime angeführt. Der Schluss, dass Unternehmen davon ausgehend separate Abteilungen für das Marketing und den Vertrieb etablieren, um so den Wettbewerbs-, Markt- und Kundenanforderungen durch höhere Spezialisierung und Fokussierung in getrennten Aufgabenbereichen gerecht zu werden, kann somit als legitim erachtet werden.

Die Kernaufgabe des Vertriebes kann gemäß Dehr und Donath (1999, S. 6) in Folge als der Dienst am und um den Kunden, zum Zweck der Generierung von Absatz und der damit verbundenen Sicherung des Fortbestandes des Unternehmens, beschrieben werden. Im Einklang mit der getroffenen Vertriebsdefinition umfasst diese Kernaufgabe folglich den Verkauf sowie die Überstellung der Leistung an den Kunden.

2.2 Die Strategie als Basis der Vertriebsarbeit

Gemäß Strasser (2004, S. 41) übt die Strategie eines Unternehmens wesentlichen Einfluss auf dessen Erfolg oder Misserfolg aus. Er begründet dies damit, dass alle Ziele der Unternehmenseinheiten auf die formulierte Strategie abgestimmt sind, weshalb Mängel innerhalb der Strategie weitreichende Folgen haben. Es ist deshalb abzuleiten, dass Mängel oder gar das Fehlen einer Strategie im Vertrieb ebenso wesentlichen Einfluss auf dessen Erfolg hat. Damit verbunden ist somit eine Einschränkung des Erfüllens der Vertriebsaufgaben, was mitunter zur Gefährdung des gesamten Unternehmens führen kann. Für den Vertrieb bedeutet dies, dass laut Hofbauer und Hellwig (2009, S. 62) sowie Dannenberg und Zupancic (2008, S. 61) die Unternehmensstrategie als Rahmenwerk für die Marketingstrategie zu betrachten ist, auf welcher die Vertriebsstrategie aufzubauen ist.

2.2.1 Kunden im Mittelpunkt der Vertriebsstrategie

Zweck der Strategie ist es laut Strasser (2004, S. 42) die Vorgehensweise zum Erzielen von Erträgen zu bestimmen. Dies beinhaltet Entscheidung darüber in welchem Geschäftsfeld welche Kunden, unter der Berücksichtigung des Mitbewerbs, fokussiert werden sollen. Im Sinne der marktorientierten Unternehmensführung (Winkelmann, 2010, S. 33) muss die festgelegte Vertriebsstrategie weiters den Ansprüchen des Marktes gerecht werden. Homburg et al. (2010, S. 27) fordern deshalb, dass der Kunde das Produkt im Mittelpunkt unternehmerischer Aktivitäten ablösen muss, um erfolgreich am Markt bestehen zu können. Ebenso Pufahl (2010, S. 53) und Winkelmann (2003, S. 111) attestieren der Kundenorientierung den Charakter einer zeitgemäßen Antwort auf die Herausforderungen des aktuellen Marktgeschehens.

2.2.2 Inhalte der Vertriebsstrategie

Homburg et al. (2010, S. 27f) stellen vier wesentliche inhaltliche Anforderungen an die Vertriebsstrategie als Grundlage professioneller Vertriebsarbeit. Da sich Märkte dynamisch verhalten und entwickeln, muss die Vertriebsstrategie (1) dynamisch sein. Sie nennen die Notwendigkeit die Vertriebsstrategie in regelmäßigen Zeitabständen auf deren Zweckmäßigkeit zu überprüfen. In weiterer Folge muss die Strategie (2) so formuliert sein, dass die grundsätzliche Ausrichtung der Vertriebsinstrumente an ihr erfolgen kann. Schlussendlich muss die Strategie des Vertriebs auch (3) kommuniziert werden um auch (4) gelebt zu werden. Nagl und Menthe (2010, S. 10) sehen die Frage nach dem Verstehen der Strategie durch die Mitarbeiter im Vertrieb ebenfalls als entscheidenden Faktor für den Erfolgsgrad der Umsetzung selbiger.

Betreffend der Formulierung der Strategie schlägt Pufahl (2010, S. 53f) vor, durch das Festlegen strategischer Ziele einen klaren Unterbau für die darauf aufbauende Vertriebsplanung zu schaffen. Eine umfassende Strategie muss deshalb festlegen welche Kundensegmente in welchen Märkten fokussiert werden. Darüber hinaus gibt sie Auskunft über die genutzten Vertriebskanäle sowie welche Produkte in welchen Mengen abgesetzt werden sollen. Damit eng verbunden ist auch die Beantwortung der Frage nach dem Ressourceneinsatz und den angestrebten Erlösstrukturen sowie Ergebnisbeiträgen. Unter Berücksichtigung dieser Punkte, sowie den damit verbundenen Risiken, soll die Vertriebsstrategie eine klare Vorgabe für operative Vertriebsaktivitäten dienen.

Zurückkommend auf die Verzahnung von Unternehmens-, Marketing- und Vertriebsstrategie folgert der Autor, dass die von Pufahl genannten strategischen Zielgrößen direkt aus jenen des Marketings abgeleitet werden müssen. Dadurch wird die Konsistenz der Unternehmensstrategie bis in den Vertrieb gewährleistet. Beispielhaft läge eine Inkongruenz der Marketing- und Vertriebsstrategie vor, würde das erstere Österreich als Hauptabsatzmarkt definieren und der Vertrieb hingegen China als primären Markt fokussieren. Es ist deshalb abzuleiten, dass die Marketingstrategie maßgeblich für die strategischen Ziele des Vertriebs ist.

2.3 Notwendigkeit und Funktion des Vertriebsmanagements

Die Managementlehre unterscheidet grundliegend das Management im institutionellen und funktionalen Sinn. Aus institutioneller Sicht wird laut Schreyögg und Koch (2010, S. 6f) „die Gruppe von Personen, die in einer Organisation mit Anweisungsbefugnissen betraut" sind, verstanden. Im Gegensatz dazu beschreiben sie die funktionelle Betrachtung des Managements als losgelöst von Personen oder Positionen. Diese orientiert sich an den, für die Steuerung des Unternehmens, notwendigen Aufgaben, welche auch als Managementfunktionen bezeichnet werden. Ohne diese Unterteilung explizit zu vollziehen, spricht Steinle (2005, S. 5) von Management „als Versuch lenkender Einflussnahme auf und in Unternehmungen [...] um Ziele zu erreichen und praktische Probleme zu bewältigen". Diese Einflussnahme ist in funktioneller Hinsicht laut Schreyögg und Koch (2010, S. 8) in jedem Unternehmensbereich notwendig.

Demnach ist das Management des Vertriebs in funktioneller Hinsicht und ungeachtet der hierarchischen Organisation im Unternehmen essentieller Bestandteil für das Erreichen der Vertriebs- und in Folge der Unternehmensziele. Im weiteren Verlauf dieser Arbeit wird deshalb VM als Management des Vertriebs aus funktioneller Sicht verstanden. Dadurch ist der Wert der erarbeiteten Erkenntnisse ebenso für jene Organisationen gegeben, welche über keine institutionellen VM-Positionen verfügen.

2.3.1 Identifikation der Funktionen des Vertriebsmanagements

In der wissenschaftlichen Auseinandersetzung identifizieren Schreyögg und Koch (2010, S. 10ff) mit der Planung, Organisation, dem Personaleinsatz, der Führung und der Kontrolle fünf wesentliche Managementfunktionen, welche in einem idealtypischen Prozesskreislauf aufeinander folgen.

Die Identifikation der Aufgaben des VM von Homburg et al. (2010, S. 103) geht mit den genannten Punkten konform, während Winkelmanns (2010, S. 55) Darstellung davon geringfügig abzuweichen scheint. Letzterer räumt dem Setzen von Zielen ein, eine eigene Funktion zu sein. Da dieser Vorgang durchaus als Teil der Planung zu betrachten ist, muss diese Auffassung nicht zwangsläufig als Widerspruch gewertet werden. Jedoch fügen Weber, Linnenlücke und Krügerke (2009, S. 64f) hinzu, dass die strategische Vertriebsausrichtung dem VM zuordenbar ist. Demnach kann das Festlegen der Vertriebsstrategie, basierend auf der Marketingstrategie und das damit verbundene Ausrichten des Vertriebs als weitere Aufgabe des VM betrachtet werden. Diese wird als übergeordnete Komponente verstanden, die sich in den einzelnen Funktionen widerspiegeln muss, um eine konsistente Ausrichtung des Vertriebs zu gewährleisten.

Basierend auf diesen Überlegungen können neben der strategischen Verantwortung die Funktionen Planung, Organisation, Personaleinsatz, Führung und Kontrolle als wesentlichste VM-Aufgaben betrachtet werden. Folgend werden diese Funktionen unter besonderer Berücksichtigung des Einflusses auf das Realisieren strategischer Ziele analysiert. Im Zuge dessen werden die potentiellen Problembereiche des VM in diesem Zusammenhang identifiziert.

2.3.2 Planung der Vertriebsaktivitäten

Gemäß Pepels (2008, S. 56) wird die Planung im Vertrieb anhand langfristiger (strategische) und kurzfristiger (operative) Ziele durchgeführt. Da bereits in Abschnitt 2.2.2 auf strategische Zielgrößen eingegangen wurde, soll an dieser Stelle zunächst die Abhandlung der operativen Planung stattfinden. Diesbezüglich verweisen Homburg et al. (2010, S. 126f) auf die Absatz- und Kostenplanung. Diese setzten ihnen zu Folge auf den Planungsgrundlagen wie Erwartungen an die Marktentwicklung und der strategischen Ausrichtung des Unternehmens, sowie Erfahrungswerten in Form von Ist-Zahlen vergangener Perioden auf. Dabei formuliert das VM eine Top-Down Vorgabe der Vertriebsziele, während die Vertriebseinheiten ihrerseits eine Bottom-Up Planung durchführen. Diese Bottom-Up Planung ist dadurch gekennzeichnet, dass gemäß Pufahl (2010, S. 10) Umsätze auf Kunden- oder Segmentebene, sowie die Vertriebskosten auf Grundlage des zu erwartenden Ressourceneinsatzes wie z.B. einzelner Mitarbeiter, erfolgen, um anschließend durch Aggregation dieser Daten eine Gesamtplanung zu erhalten. Die beiden Planungsansätze müssen anschließend analysiert, konsolidiert und verabschiedet werden bevor konkrete Maßnahmen geplant werden können.

Die Planungsfunktion des VM besitzt hohe Bedeutung, da sie laut Homburg et al. (2010, S. 126) essentiell für die Steuerung des Vertriebs ist. Nur durch eine gewissenhafte Planung können in weiterer Folge Schlüsse aus dem Soll / Ist Vergleich gezogen und Steuerungsmaßnahmen ergriffen werden. Ebenso können die detaillierten Maßnahmen des Vertriebs ohne diese Vorgabe nicht zweckgemäß abgeleitet werden. Dabei sollten Ziele gemäß Lang (2007, S. 132) für den Vertrieb immer durch eindeutige Kennzahlen verdeutlicht werden, da in späterer Folge der Vergleich zwischen Plan- und Ist-Zustand ohne diese erschwert wird.

Als unterstützende Kraft nennen Weber et al. (2009, S. 15) das Vertriebscontrolling. Die konkrete Unterstützung umfasst sowohl die Ausgestaltung des Planungssystems als auch das Festlegen von Abläufen und Methoden während des Planungsprozesses. Darüber hinaus stellt das Vertriebscontrolling Informationen als Planungsgrundlage bereit und führt die Teilplanungen einzelner Einheiten zusammen.

Die Planungsfunktion des VM wird jedoch von Pepels (2008, S. 68f) als kritischer Problembereich identifiziert, da mittel- oder langfristige Planungen im Vertrieb oft nicht ausreichend existieren und operative Zielsetzungen deshalb nicht an der Unternehmensstrategie ausgerichtet sind. Besteht in der Praxis jedoch eine strategische Planung, beobachtet er einen mangelnden Zusammenhang zwischen strategischer und operativer Planung. Die Begründung dafür sieht er darin, dass in der Vertriebspraxis hauptsächlich auf die von Homburg et al. (2010, S. 126f) genannten formalen Größen, wie Umsatz und Kosten, Bezug genommen wird. In Konsequenz werden wichtige qualitative Leistungsgrößen, wie Servicequalität und Auftragsbearbeitungszeiten, gegenüber finanziellen Zielen diskriminiert. Dieses Vorgehen steht damit im klaren Widerspruch zu den bereits genannten inhaltlichen Kriterien gemäß Pufahl (2010, S. 53f). Zusätzlich ist nach Pepels (2008, S. 68f) Beobachtung eine konkrete Maßnahmenplanung zur Erreichung der gesetzten Ziele nur selten anzutreffen. Die Kombination dieser Mängel führen folglich zu dem Schluss, dass strategische Ziele nur unzureichend oder gar nicht in der operativen Planung widergespiegelt werden. Diese Darstellung legt nahe, dass die Operationalisierung der Vertriebsstrategie in der operativen Planung durch diese nicht ganzheitliche Berücksichtigung des Vertriebs stark beeinträchtigt wird.

Eine Verdeutlichung dieser Problematik ist in Krohmers (2004, S. 169) Ausführungen zu finden, welcher feststellt, dass der Strategieformulierung zwar hohe Relevanz beizumessen ist, diese alleine jedoch nicht zu Unternehmenserfolg führt. Vielmehr muss die Strategie operativ implementiert sein, um ihr Erfolgspotential zu entfalten. Diese Auffassung wird von Speculand (2009, S. 168) bestätigt, welcher anführt, dass der Unternehmenserfolg in höherem Maße davon abhängt wie gut eine Strategie implementiert ist, als von der Qualität der Strategie an sich.

Der Autor folgert deshalb, dass die beschriebenen Probleme in der Planung weitreichende Folgen auf nachgelagerte Funktionen bzw. der operativen Umsetzung haben. Es ist daraus zu schließen, dass das Realisieren strategischer Ziele bei nicht ganzheitlicher Betrachtung des Vertriebs in Form der Reduktion auf rein formelle bzw. monetäre Kenngrößen in der Praxis wesentlich beeinträchtigt ist.

2.3.3 Organisation des Vertriebs

Gemäß Weber et al. (2009, S. 10) hat das VM den Vertrieb in Hinblick auf Aufbau- und Ablauforganisation, die territoriale Struktur, die genutzten Vertriebskanäle sowie der Gestaltung von Beziehungen mit Vertriebspartnern und anderen Schnittstellen zu gestalten. Dabei ist die Organisation stark von der Form des Verkaufs abhängig (Winkelmann, 2003, S. 36f), welche ihrerseits kongruent mit der Vertriebsstrategie sein muss. Darüber hinaus stellt Biesel (2004, S. 34) fest, dass der Organisation des Vertriebs vor allem in dynamischen Märkten, wie sie heute vorzufinden sind, hohe Bedeutung zukommt. Dies wird durch Pufahl (2010, S. 99) unterstrichen, der die Organisation als Rahmenwerk für das Handeln der Mitarbeiter beschreibt. Kommt es mangels optimaler Vertriebsorganisation z.B. zu stockenden Abläufen, geht dies mit vermeidbaren Kosten einher. Als Resultat einer unzweckmäßigen Organisation sind deshalb Effizienzeinbußen zu nennen.

2.3.4 Personaleinsatz im Vertrieb

Wie bereits festgestellt werden konnte, hat der Vertrieb eine wichtige Schnittstellenfunktion zwischen Unternehmen und Kunden. Konkretisiert man in diesem Zusammenhang den Begriff Vertrieb, so sind es laut Homburg et al. (2010, S. 133ff) die Vertriebsmitarbeiter welche diese Funktion wahrnehmen. Sie sehen nicht zuletzt deshalb das Personalmanagement im Vertrieb als wichtigen Erfolgsfaktor. Das VM muss ihnen zu Folge Anforderungsprofile auf Grundlage der in der Organisation definierten Stellen festlegen, um anschließend die Positionen mit geeigneten Mitarbeitern zu besetzen bzw. den bestehenden Mitarbeiterstamm weiter zu qualifizieren um den Anforderungen gerecht zu werden.

Dieser Teilbereich ist unter der Subfunktion Personalentwicklung zusammengefasst. Stock (2004, S. 136) belegt in ihrer Forschung dazu, dass Maßnahmen in diesem Bereich direkten Einfluss auf den Erfolg des Unternehmens bewirken. Sie merkt an, dass jedoch eine systematische Vorgehensweise in diesem Bereich notwendig ist, um die positive Wirkung auf den Unternehmenserfolg zu verstärken. Es ist demnach zu folgern, dass die systematische Weiterqualifikation der Vertriebsmitarbeiter in Kongruenz mit der strategischen Ausrichtung zur Bewältigung aktueller und künftiger Herausforderungen des Marktes als erfolgskritisch zu betrachten ist. Lang (2007, S. 24) sieht hierbei zwei wichtige Ansatzpunkte in der Weiterqualifikation erfahrener Vertriebsmitarbeiter und dem Entwickeln von Basisfähigkeiten, wie der angemessenen Kontaktaufnahme und Einwandbehandlung.

2.3.5 Führung des Vertriebs

Eine mit dem Personalmanagement stark verbundene Managementfunktion im Vertrieb ist das Führen der Mitarbeiter. Dies geschieht nach Dannenberg und Zupancic (2008, S. 197) mit dem Ziel bessere Ergebnisse durch die Steuerung und somit Einflussnahme auf deren Verhalten zu erzielen.

Als wesentlichstes Instrument führen Homburg et al. (2010, S. 148ff) die Mitarbeitersteuerung durch Zielvereinbarungen an. Das VM bricht dazu Vertriebsziele auf die einzelnen Mitarbeiter herunter, um diese auf Mitarbeiterebene zu operationalisieren. Dies geschieht vor allem zu dem Zweck die verfolgte Strategie zu kommunizieren, sowie Anreize bzw. den Handlungsrahmen in Form leistungsbezogener Entlohnungssysteme zu setzen.

Jensen (2004, S. 396) weist darauf hin, dass leistungsbezogene Vergütungssysteme das Risiko einer potentiellen Fehlsteuerung von Mitarbeitern in sich bergen. Dies ist seiner Auffassung nach darauf zurückzuführen, dass solche Systeme im Vertrieb meist nur aus einer kurzfristigen Betrachtung heraus und dadurch mit mangelndem Bezug zum strategischen Rahmen definiert werden. Darüber hinaus kritisiert er die eindimensionale Ausgestaltung der Ziele in Form von Umsatzzielen, was Mitarbeiter dazu motiviert andere qualitative Aspekte wie die Kundenzufriedenheit zu vernachlässigen. Diese Beobachtung wird durch das Ergebnis einer Studie von 2008 und 2009 unter 442 Unternehmen in Deutschland, Österreich und der Schweiz von Stegmüller und Anzengruber (2010, S. 457) zu den Bemessungsgrundlagen zur Leistungsbeurteilung des Vertriebs bestätigt. Das Ergebnis zeigte, dass durchschnittlich rund 64% des variablen Lohnanteils der Vertriebsmitarbeiter umsatzabhängig sind. Weiters gaben 25% der befragten Unternehmen an die variable Entlohnung sogar zu 100% vom erzielten Umsatz abhängig zu machen.

Der Autor sieht hier einen engen Zusammenhang mit der beschriebenen Problematik der Planungsfunktion. Es ist naheliegend, dass ein Mangel in Form des nicht Berücksichtigens qualitativer Ziele bzw. fehlender Zusammenhang mit der Strategie in der Planung zur Beeinträchtigung der Wirksamkeit von leistungsbezogenen Entlohnungssystemen, welche darauf aufbauen, in ihrer Funktion als Führungs- und Steuerwerkzeug führt.

2.3.6 Kontrolle der Vertriebsaktivitäten

Da die Kontrollfunktion Bezug auf die Plandaten nimmt, stellen Biesel (2004, S. 260) sowie Homburg et al. (2010, S. 127) einen engen Zusammenhang zwischen den beiden Funktionen her. Auf Basis der von Lang (2007, S. 132) geforderten Kennzahlen ist es das durch die Kontrolle verfolgte Ziel, durch die Analyse von Ist-Zustand und Plandaten eine Informationsbasis zu generieren, auf welchen das VM seine Steuerungsmaßnahmen begründet (Nagl & Menthe, 2010, S. 145). Es ist zu folgern, dass durch die Kontrolle zunächst ein mögliches Abweichen vom Plan erkannt werden soll. Das VM muss analysieren weshalb eine positive oder negative Abweichung vorliegt, um darauf basierend geeignete Steuerungsmaßnahmen vorzunehmen. Wie auch in der Planung betrachten Weber et al. (2009, S. 15) die Unterstützung des Vertriebscontrollings in diesem Zusammenhang als sinnvoll.

An dieser Stelle weist der Autor darauf hin, dass die Kontrollfunktion als Steuerungsgrundlage wesentlich durch beschriebene Mängel der Planung beeinflusst wird. So ist zu erwarten, dass die Ergebnisse der Kontrolle nur mangelhaften Aufschluss über notwendige Kurskorrekturen geben, wenn die Planung von der Strategie losgelöst erfolgt ist. Additiv ist der Wert der Kontrollergebnisse kritisch zu betrachten wenn diese nur auf formalen Plandaten wie Umsatz und Kosten aufbaut. Es wird deutlich, dass das Nichtberücksichtigen der von Pepels (2008, S. 68) geforderten qualitativen Ziele und formulierten Maßnahmen direkten Einfluss auf die Eignung der Kontrollergebnisse als Entscheidungsgrundlage hat. Somit kann ein Zusammenhang zwischen mangelhafter Operationalisierung strategischer Ziele in der operativen Planung, den Ergebnissen der Vertriebskontrolle, der daraus resultierenden Entscheidungsqualität und zuletzt dem Realisierungsgrad strategischer Ziele im Vertrieb gezogen werden.

2.4 Spannungsumfeld des Vertriebsmanagements

Nach vorangestellter Diskussion der Grundlagen des VM sowie der aktuellen Problemfelder in Hinblick auf die Realisierung strategischer Ziele werden abschließend zu diesem Kapitel die wesentlichen Erkenntnisse zusammengefasst.

2.4.1 Professionalisierungsbedarf im Vertriebsmanagement

Den Ausführungen von Homburg et al. (2010, S. 2ff) zu Folge ist der Vertrieb jener Organisationsbereich, dem großes Potential zur Steigerung der Produktivität beigemessen wird. Jedoch stellen sie zugleich fest, dass Ansätze zur Realisierung dieses Potentials kaum weiterverfolgt werden. Lang (2007, S. 172) prognostiziert dazu, dass dieses Versäumnis existenzbedrohendes Ausmaß für die Gesamtorganisation annehmen kann. Seine Begründung beruht auf den beschriebenen Veränderungen im Marktumfeld und dem damit verbundenen Professionalisierungsbedarf im Vertrieb, um konkurrenzfähig zu bleiben.

In Bezug auf den Bedarf von höherer Professionalität im Vertrieb orten Homburg et al. (2010, S. 2) die Schwierigkeit, dass in zahlreichen Unternehmen nach wie vor die von ihnen als „Macherkultur" bezeichnete Herangehensweise vorherrscht. Dabei ist das systematische Management der Intuition und Improvisation untergeordnet. Auch Weber et al. (2009, S. 12) beschreiben dieses Spannungsfeld zwischen hohen Anforderungen an den Vertrieb seitens des Marktes und dem zunehmenden Druck die Produktivität als auch Professionalität steigern zu müssen.

Basierend auf den Erkenntnissen dieses Kapitels folgert der Autor, dass es den Anforderungen im Spannungsumfeld des VM durch geeignete strategische Ausrichtung, sowie der Operationalisierung selbiger gerecht zu werden gilt. Nach Auffassung des Autors ist deshalb abzuleiten, dass das VM den Bedarf an geeigneten Methoden bzw. Instrumenten hat, welche dabei unterstützen, den Anforderungen beizukommen und strategische Ziele systematisch umzusetzen.

2.4.2 Optimierungspotentiale zur Strategieumsetzung im Vertrieb

Im Verlauf dieses Kapitels konnten wichtige Ansatzpunkte für die Professionalisierung des Vertriebs erarbeitet werden. Diese stellen zugleich die aktuellen Optimierungspotentiale dar, welche der Realisierung der Vertriebsstrategie dienlich sein sollen und umfassen im Wesentlichen:

- Die Vertriebsplanung muss in Zusammenhang mit der Vertriebsstrategie ganzheitlich erfolgen und neben quantitativen auch qualitative Ziele berücksichtigen, sowie konkrete Maßnahmen zur Erreichung selbiger beinhalten.

- Die Vertriebsorganisation muss auf die verfolgte Strategie abgestimmt sein.

- Vertriebsmitarbeiter müssen systematisch weiter Qualifiziert werden, um den Ansprüchen des Marktes und den strategischen Zielsetzungen gerecht zu werden.

- Das VM muss die verfolgte Strategie in einer Form kommunizieren, sodass Vertriebsmitarbeiter sich dieser Bewusst sind und dementsprechend handeln.

- Die Steuerung der Vertriebsmitarbeiteraktivitäten über leistungsbezogene Entlohnung muss dem Realisieren strategischer Ziele dienlich sein.

Vor dem zuvor festgestellten Hintergrund tendenziell mangelnder Systematik in der Umsetzung strategischer Zielsetzungen in der Arbeit des VM stellen die identifizierten Punkte die wichtigsten Mängel, die es zu beheben gilt, dar. Sie dienen deshalb im Verlauf der Arbeit als jene Kriterien, anhand welcher festzustellen ist, ob das PM in Form der BSC dazu beiträgt die Vertriebsarbeit zu professionalisieren und das Erreichen strategischer Ziele unterstützt.

3 Performance Management und Balanced Scorecard

Basierend auf den Erkenntnissen des Kapitels zu den Grundlagen des VM widmet sich dieses Kapitel zunächst der Analyse von rein finanzorientierten Kennzahlensystemen, sowie des PM, in Hinblick auf deren Eignung als Steuerungsinstrument. Im Anschluss daran wird der Forschungsgegenstand der BSC vorgestellt und deren Systematik bzw. Architektur genauer untersucht.

3.1 Differenzierung von Kennzahlensystemen

Kennzahlensysteme sind gemäß Weber und Sandt (2001, S. 7) ein wichtiges Instrument der Unternehmensführung. Bevor diese genauer analysiert werden können, erachtet der Autor die Betrachtung von Kennzahlen als isolierten Begriff als grundliegend sinnvoll, weshalb dies vorangestellt wird. Auf Grundlage der erarbeiteten Erkenntnisse wird die Behandlung rein finanzorientierter Kennzahlensysteme sowie des PM vollzogen um die wesentlichsten Unterschiede hervorzukehren.

3.1.1 Grundlegende Definitionen zum Kennzahlenbegriff

Sowohl Preißner (2002, S. 45) als auch Reinecke (2004, S. 69) beschreiben Kennzahlen als quantitative Messgrößen, die Aufschluss über betriebswirtschaftliche Gegebenheiten geben. Dem fügen Eschenbach und Siller (2011, S. 104) hinzu, dass Kennzahlen den Charakter konzentrierter Information besitzen. Diesen erlangen sie, da sie Daten, die laut Preißner (2002, S. 54) - nicht ausschließlich aber auch - aus dem Rechnungswesen stammen, verdichtet darstellen. Als Resultat dessen spricht Gladen (2008, S. 11) Kennzahlen die Eigenschaft zu das Management vor einer Überladung von Informationen zu bewahren.

Zur Verwendung von Kennzahlen hält Reinecke (2004, S. 70f) fest, dass eine isolierte Betrachtung einzelner Kennzahlen nicht zielführend ist. Vielmehr ist ein Informationsgewinn aus Kennzahlen nur in einem Vergleich möglich. Dieser kann anhand verschiedener Betrachtungszeitpunkte, durch einen Abgleich von Soll- und Ist-Zustand oder dem Vergleich mit anderen Unternehmen erfolgen.

3.1.1.1 Funktionen von Kennzahlen

Hinsichtlich ihrer Funktion erkennt Preißner (2002, S. 45f) vier Betrachtungen. Zum einen dienen sie der Operationalisierung von Zielen indem diese messbar gemacht werden. Damit einhergehend ist die Verwendung von Kennzahlen als Vorgabewert bzw. Zielgröße sowie als Kontrollwert zu nennen. Des Weiteren dienen Kennzahlen dazu eventuelle Auffälligkeiten im Zeitverlauf sichtbar zu machen.

Da Kennzahlen betriebswirtschaftliche Sachverhalte in verdichteter Form ausdrücken, erfüllen sie laut Reinecke (2004, S. 71) zusätzlich die Funktion der objektiven Kommunikation von Information. Sie ermöglichen somit die Weitergabe selbiger unter Reduktion der Gefahr einer durch fehlerhafte Kommunikation bedingten, mangelhaften Einschätzung der Gegebenheit.

Die Betrachtung der dargelegten Funktionen führt den Autor zu dem Schluss, dass Kennzahlen hohe Bedeutung in der Steuerung des Unternehmens bzw. dessen Teilbereichen zukommt.

3.1.1.2 Unterscheidung von Kennzahlen

Mit absoluten und relativen Kennzahlen identifiziert Wagenhofer (2010, S. 198) zwei wesentliche Gruppierungen. Den absoluten Kennzahlen sind ihm zu Folge Einzelwerte, Summen sowie Differenzen und Mittelwerte zuzuordnen. Relative Kennzahlen beschreiben die Relation zweier oder mehrerer Faktoren und können weiter in Gliederungs-, Beziehungs- und Veränderungszahlen unterteilt werden.

Die weitere Differenzierung kann gemäß Eschenbach und Siller (2011, S. 104) anhand ihrer Quantifizierbarkeit getroffen werden. Es ist demnach zu unterscheiden ob es sich um Kennzahlen auf Basis unmittelbarer (z.B. Umsatz) oder mittelbarer (z.B. Kundenzufriedenheit) Werte handelt. Darauf begründet nennen sie die Unterscheidung nach monetären und nicht monetären Größen. Ebenso der jeweilige Bezug zum Rechnungswesen führt ihrer Auffassung nach zu einer Differenzierung. So sind jene auf dem Rechnungswesen basierenden Kennzahlen (z.B. Cash Flow) als finanzielle, und jene die nicht darauf basieren als nicht finanzielle Kennzahlen (z.B. Produktivität je Mitarbeiter) zu betrachten. Als weitere Unterscheidungsmerkmale sehen sie den Adressatenkreis sowie die Eignung als Frühindikator oder als diagnostische Kennzahl.

Nach der Betrachtung von Funktionen sowie unterschiedlicher Ausrichtungen von Kennzahlen ist absehbar, dass dem Unternehmen und dessen Management ein breites Spektrum an potentiellen Kennzahlen zur Verfügung steht. Der Autor folgert daraus, dass der Auswahl geeigneter Größen hohe Bedeutung zukommt. Er begründet dies damit, dass das unreflektierte Definieren von zu beobachtenden Kennzahlen entgegen der essentiellen Aufgabe der Informationsverdichtung wirkt. Deshalb ist weiter zu schließen, dass Kennzahlen auf die jeweilige strategische als auch operative Zielsetzung abgestimmt sein müssen, um als relevante Informationsquellen betrachtet werden zu können.

3.1.1.3 Verbindung von Kennzahlen zu einem Kennzahlensystem

Die zuvor dargestellte Vielfalt an Kennzahlen hat gezeigt, dass die Abbildung verschiedener Sachverhalte durch unterschiedliche zu beobachtende Größen gewährleistet werden kann. Um komplexe Sachverhalte gesamtheitlich darstellen zu können, erachtet Reinecke (2004, S. 71f) das Verwenden mehrerer Kennzahlen für notwendig. Weiters stellt er anhand seiner Analyse des Systembegriffs fest, dass durch Vorliegen von zu einander in Beziehung stehenden Elementen von einem System gesprochen werden kann. Dem zu Folge können Kennzahlen, die in Beziehung zu einander stehen, als Kennzahlensystem betrachtet werden.

Die weitere Konkretisierung dieser abstrakten Beschreibung bietet die Betrachtung von Jungs (2007, S. 162) Ausführungen. Dieser versteht das Kennzahlensystem als Verbund von Kennzahlen, die über die Relation zu einander hinaus auch über ein gemeinsames, übergeordnetes Ziel verfügen und sich gegenseitig ergänzen. Diese Auffassung deckt sich mit jener von Preißner (2002, S. 50), der das übergeordnete Ziel als Spitzenkennzahl beschreibt, welche mathematisch oder inhaltlich mit den weiteren Kennzahlen im System verbunden ist. Sind Kennzahlen mathematisch zu einander in Beziehung stehend, so spricht Jung (2007, S. 162) von Rechensystemen. Dabei wirken sich Veränderungen einzelner Kennzahlen direkt auf das Ergebnis daran anknüpfender Kennzahlen aus. Bei Ordnungssystemen hingegen stellt die inhaltliche Zugehörigkeit zu einander die Beziehung dar. Eine unmittelbare mathematische Verknüpfung ist hierbei nicht gegeben.

Im weiteren Verlauf der Arbeit werden Kennzahlensysteme als Verbund betriebswirtschaftlicher Kennzahlen verstanden, die in mathematischer oder inhaltlicher Relation zu einander stehen und sich ergänzen, sowie ein über ein gemeinsames, übergeordnetes Ziel verfügen.

In Hinblick auf die Beantwortung der Forschungsfrage sollen anschließend die Konzeptionen rein finanzorientierter Kennzahlensysteme und des PM vorgestellt und kritisch reflektiert werden.

3.1.2 Finanzorientierte Kennzahlensysteme und Performance Management

Als prominenteste Beispiele für finanzorientierte Kennzahlensysteme wird in der Literatur (Kaplan & Norton, 1997, S. 20f; Lechner et al., 2008, S. 80f, 880; Raake, 2008, S. 14f; Reinecke, 2004, S. 84ff; Wagenhofer, 2010, S. 246f) auf das Du Pont sowie das ZVEI System verwiesen. Der Autor entschließt sich deshalb dazu, den Aufbau und die Funktion von finanzorientierten Kennzahlensystemen exemplarisch an genannten Beispielen abzuhandeln. Im Anschluss daran wird auf die Konzeption des Performance-Measurement und -Management eingegangen.

3.1.2.1 Steuerung anhand finanzorientierter Kennzahlensysteme

Das im Jahr 1919 von der Firma Du Pont vorgestellte System of Financial Control gilt laut Raake (2008, S. 14f) als das erste einer darauf folgenden Reihe von Kennzahlensystemen, welche durch mathematische Verknüpfung von Zielen und Subzielen als Steuerungsinstrument entwickelt wurden. An dessen Spitze steht, wie in Anhang 1 grafisch dargelegt, die Gesamtkapitalrentabilität in Form der Spitzenkennzahl Return on Investment (ROI). Die weiteren Verzweigungen der Kennzahlen innerhalb des Systems bauen gemäß Wagenhofer (2010, S. 247) auf Größen der Gewinn und Verlustrechnung sowie Werten der Bilanz auf. In dieser Systemarchitektur begründet, sieht selbiger den Mangel, dass die ausschließliche Orientierung am ROI andere wichtige Analyseziele außen vor lässt.

Einen anderen Ansatz formt gemäß Reinecke (2004, S. 87f) das im Jahr 1969 vom Zentralverband der Elektrotechnischen Industrie (ZVEI) vorgestellte ZVEI System. Die Betrachtung des in Anhang 2 dargestellten ZVEI Schemas verdeutlicht, dass neben wachstumsbezogenen Kennzahlen ebenso die Analyse der Struktur, an deren Spitze die Eigenkapitalrentabilität steht, abgebildet wird. Da dieses System gemäß Reinecke (2004, S. 89) 74 Haupt- und 66 Hilfskennzahlen vorgibt, attestiert dieser mangelnde Flexibilität in der Individualisierbarkeit auf die jeweiligen Anforderungen einzelner Unternehmen bzw. deren Bereiche, als auch einen nicht unwesentlichen Grad an Unübersichtlichkeit.

Wie auch das Du Pont Schema baut das ZVEI System auf Vergangenheitswerten des Rechnungswesens auf, weshalb Raake (2008, S. 15f) darin lediglich eine Weiterentwicklung, denn eine grundsätzlich neue Betrachtung folgert. Aufgrund des vollzogenen Wandels im Unternehmensumfeld und den damit veränderten Anforderungen an das Management stellt sie weiter fest, dass die Eignung rein finanzorientierter Kennzahlensysteme als Steuerungsinstrument nicht mehr gegeben ist. Zentrale Argumente dieses Schlusses sind die hohe Dominanz finanzieller Faktoren, sowie die mangelnde Zukunftsausrichtung der Systeme. Ergänzend dazu kritisieren Olve, Roy und Wetter (1999, S. 3f), dass unter den beschriebenen Systemen die Gefahr besteht die Unternehmensstrategie auf rein finanzielle Aspekte zu reduzieren. Dabei ist die von Stegmüller und Anzengruber (2010, S. 456) geäußerte Kritik mangelnder „Verbindung zwischen den kausalen Handlungen und den monetären Erfolgsgrößen" als wichtiger Grund mangelnder Eignung als zeitgemäßes Steuerungsinstrument hervorzuheben.

In Anbetracht der vollzogenen Erläuterungen zur Wichtigkeit der Unternehmensstrategie als Grundstein für das Schaffen von Wettbewerbsvorteilen, schließt der Autor, dass eine derartige Diskriminierung nicht finanzieller Aspekte heute nicht mehr akzeptabel ist. Begründet in dieser Kritik sehen Weber, Radtke und Schäffer (2006, S. 10) die Forderung nach leistungsfähigeren Konzepten zur Steuerung der Unternehmensaktivitäten.

3.1.2.2 Steuerung durch Performance Measurement und -Management

Im Gegensatz zu rein finanzorientierten Kennzahlensystemen bezieht das Performance Measurement laut Schimank und Wehrli (2006, S. 9f) auch nicht finanzielle Größen mit ein. Dieses Vorgehen begründet Piser (2004, S. 109) damit, dass das Erreichen von Zielen an eine zuvor erfolgte Leistung gekoppelt ist. Da diese Leistung jedoch nicht auf finanzielle Aspekte zu reduzieren ist, muss die Messung nicht finanzielle Leistungsindikatoren inkludieren. Dabei sieht er den Performancebegriff als Leistungsbeitrag zu den Zielen einer Organisation. Darüber hinaus ist laut Niven (2009, S. 29f) den immateriellen Vermögenswerten, wie Kundenbeziehungen und Humankapital, besondere Beachtung zu schenken, da diese als kritische Erfolgsfaktoren im aktuellen Marktumfeld zu betrachten sind. Den Mangel, diese Faktoren nicht zu berücksichtigen sucht das Performance Measurement zu beheben.

Performance Measurement impliziert gemäß Piser (2004, S. 109f) ebenso die konsequente Ausrichtung der Kennzahlen an der Unternehmensstrategie. Demnach werden durch Performance Measurement jene Zielgrößen gemessen, die Aussagekraft über Leistungen besitzen, welche zur Erreichung der strategischen Ziele beitragen. Ebenso die Erkenntnis, dass diese in den verschiedenen Unternehmenseinheiten unterschiedlich gestaltet werden müssen, um Aufschluss über die Performance zu erhalten, liegt in diesem Konzept begründet.

Raake (2008, S. 25) formuliert deshalb, dass trotz der nicht existierenden, einheitlichen Definition des Performance Measurements weitgehend Einigkeit darüber herrscht, dass Konzepte, die diesem zugeordnet werden, grundsätzlich die Schwachstellen rein finanzorientierter Kennzahlensysteme überwinden. Dazu zählen vor allem die gemessenen Bezugsgrößen, die konsequente Verbindung mit der verfolgten Strategie, sowie der damit verbundene Zukunftsbezug.

In weiterer Folge muss geklärt werden, welcher Zusammenhang zwischen Performance Measurement und PM besteht. Lux (2010, S. 14ff) vertritt dazu die Ansicht, dass Performance Measurement als Werkzeug des PM zu betrachten ist. Er versteht diesen Ansatz als Bündelung von Planungs-, Umsetzungs-, Kontroll-

und Korrekturaufgaben unter besonderer Berücksichtigung der Leistungssteuerung. Diese wiederum zielt seinen Ausführungen zur Folge darauf ab die effiziente und effektive Strategieumsetzung zu gewährleisten. Die Sicht von Lux wird von Piser (2004, S. 164f) geteilt, der ebenso von Performance Measurement als Werkzeug des PM spricht.

In der Praxis konnten Martinez, Kennerley, Harpley, Wakelen, Hart und Webb (2010, S. 43f) in ihrer Studie aus dem Jahr 2006 unter 500 Produktions- und Dienstleistungsunternehmen in Groß Britannien feststellen, dass der Einsatz von PM u.a. positive Effekte auf die Beziehung zu Kunden und deren Zufriedenheit und Bindung bewirkt. Damit einhergehend nannten 63% der Produktions- und 41% der Dienstleistungsunternehmen, dass durch PM Steigerungen des Umsatzes realisiert werden konnten. Diese Ergebnisse sind nach Auffassung des Autors Beweise für die praktische Authentizität der theoretischen Ausführungen von Lux und Piser.

Als prominentestes PM Konzept wird in der Literatur (Lux, 2010, S. 46; Piser, 2004, S. 146; Raake, 2008, S. 27) die BSC genannt. Piser (2004, S. 165) attestiert der BSC dabei großes Potential in Hinblick auf die Realisierung strategischer Ziele.

3.1.3 Kritische Reflexion zu finanzorientierten Kennzahlensystemen und Performance Management

Die vorangegangene Diskussion finanzorientierter Kennzahlensysteme und des Performance Measurements und Managements hat gezeigt, dass Konzeptionen wie das Du Pont- oder ZVEI System wesentliche Mängel in Hinblick auf deren Eignung als zeitgemäßes Steuerungsinstrument aufweisen. Diese können vor allem in Bezug auf deren ausschließliche Ausrichtung auf finanzielle Aspekte und dem Mangel an Zukunftsorientierung zusammengefasst werden (Raake, 2008, S. 15f). Ob der dadurch bedingten Diskriminierung anderer, nicht finanzieller Leistungsfaktoren, kann nicht davon ausgegangen werden, dass eine Steuerung des Unternehmens bzw. seiner Teilbereiche anhand dieser Systeme zweckmäßig und sinnvoll ist.

Das Performance Measurement konnte als Werkzeug des PM identifiziert werden. Insbesondere das Beheben der genannten Mängel, sowie die Ausrichtung des Systems auf strategierelevante Leistungsfaktoren, verleihen dem Performance Measurement den Charakter eines dem Wandel der Zeit angemessenen Instruments (Piser, 2004, S. 109f). Darauf begründet kann gefolgert werden, dass das Kennzahlensystem des Performance Measurement, in seiner Kommunikationsfunktion der Strategie auf tiefer gelegene Hierarchieebenen, traditionellen Kennzahlensystemen überlegen ist. Dem Performance Measurement übergelagert ist das PM, welches die Managementaufgaben unter besonderer Berücksichtigung der Leistungssteuerung beinhaltet.

Der Autor sieht in der erbrachten Argumentation den Beleg dafür, dass das Performance Measurement traditionelle Kennzahlensysteme als Steuerungsgrundlage ablösen muss. Damit einhergehend folgert er die Notwendigkeit, die Leistungssteuerung als integrierten Managementansatz zu verstehen, um den stetig wachsenden Herausforderungen in der Unternehmensumwelt beikommen zu können.

3.2 Das Konzept der Balanced Scorecard

Das Konzept der BSC wurde im Jahr 1992 erstmals von Robert S. Kaplan und David P. Norton vorgestellt und laut Weber et al. (2006, S. 7) seither in zahlreichen Veröffentlichungen diskutiert. Dem Konzept legen Kaplan und Norton (1997, S. 18) die Erkenntnis zu Grunde, dass traditionelle Kennzahlensysteme wie sie in Abschnitt 3.1.2.1 vorgestellt wurden, den Anforderungen des aktuellen Marktumfeldes als strategisches Steuerungsinstrument nicht mehr gewachsen sind. Gilles (2002, S. 21ff) merkt dazu an, dass die ursprüngliche Intention der Forschungsarbeit von Kaplan und Norton das Entwickeln eines verbesserten Performance Measurement Systems war. Im Zuge der Zusammenarbeit mit Unternehmen nach der ersten Publikation zur BSC stellte sich jedoch die enge Verbindung von Kennzahlen in der BSC zur Unternehmensstrategie heraus. Dies führte dazu, dass die BSC in Folge zu einem integrierten strategischen Managementsystem weiterentwickelt wurde.

In diesem Zusammenhang kritisiert Ehrmann (2007, S. 16), dass die BSC in der Literatur und Praxis häufig auf ein modernes Kennzahlensystem reduziert wird. Er betont jedoch, dass diese Meinung nicht zu teilen ist, da die Kennzahlensystemfunktion der BSC nur einen Teil des Managementsystems darstellt.

Über ihre Bedeutung für das strategische Management hinaus ist die BSC laut Preißner (2002, S. 8) sowie Pufahl und Happe (2004, S. 101) ebenso als geeignetes Instrument für die operative Steuerung zu betrachten. Schmeisser und Claussen (2009, S. 37) betrachten die BSC in diesem Zusammenhang als „Bindeglied zwischen Entwicklung einer Strategie und ihrer Umsetzung".

3.2.1 Ursache und Wirkung als Basis der Balanced Scorecard

Kaplan und Norton (1997, S. 28f) stellen fest, dass Unternehmen neben den rein finanziell orientierten Kennzahlen heute ebenso erfolgskritische Größen wie z.B. die Kundenzufriedenheit oder Prozesskennzahlen als Steuerungsgrößen implementiert haben. Die eingesetzten Kennzahlen werden ihnen zu Folge aus der definierten Strategie des Unternehmens abgeleitet. Jedoch kritisieren Kaplan und Norton, dass der Nutzen von Kennzahlen in Hinblick auf die Steuerung zur Realisierung strategischer Ziele nur limitiert gegeben ist, sofern diese nicht bestehende Zusammenhänge von Ursache und Wirkung widerspiegeln.

Preißner (2002, S. 11) sieht darin die Begründung für Kaplan und Nortons Ansatz, die BSC auf vier Perspektiven aufzubauen, welche in kausalem Zusammenhang stehen. Er formuliert dazu, dass anhand der Unternehmensstrategie finanzielle Ergebnisse abgeleitet werden können, welche jedoch erst durch Aktivitäten am Kunden realisiert werden können. Diese Aktivitäten wiederum bedingen geeignete Prozesse und schließlich auch Lerneffekte innerhalb der Organisation, um die Prozessgestaltung am Kunden zu verbessern.

Deshalb können Ursache-Wirkungs-Ketten laut Lux (2010, S. 49) als die gegenseitige Beeinflussung von Messgrößen der BSC betrachtet werden. Ferner ist seiner Auffassung nach bei der Erstellung der BSC zu identifizieren, in welchem Ausmaß sich Ziele bzw. Kennzahlen beeinflussen.

Der Autor folgert daraus, dass das Berücksichtigen von Interdependenzen zwischen einzelnen Kennzahlen des Systems kritische Bedeutung für den tatsächlichen Nutzen der BSC als Strategieimplementierungs- und Steuerungsinstrument hat. Weiters wird erkannt, dass die Entwicklung des Kennzahlensystems der BSC anhand von Ursache-Wirkungs-Ketten sicherstellt, dass die Strategie in konsistenter Form widergespiegelt wird und konkurrierende Ziele identifiziert bzw. eliminiert werden können.

Um diese Konsistenz zu gewährleisten und die Strategie mittels BSC zu operationalisieren kommen gemäß Lux (2010, S. 50) so genannte Strategy Maps zur Anwendung. Diese können als Rahmengerüst verstanden werden, anhand welchem das Definieren der einzelnen Ziele innerhalb der Perspektiven der BSC, in Hinblick auf deren kausale Zusammenhänge, stattfindet. Ferner dienen sie gemäß Niven (2009, S. 145) dazu die Plausibilität von Zielen untereinander und gegebenenfalls Probleme innerhalb der Strategie sichtbar zu machen.

3.2.2 Die Perspektiven der Balanced Scorecard

Den Kern des BSC Konzepts bildet gemäß Kaplan und Norton (1997, S. 7f) die ausgewogene Manifestierung materieller und immaterieller Vermögenswerte bzw. Leistungstreiber als Zielgrößen innerhalb des Systems. Das damit verfolgte Ziel ist das Beheben des Mangels einer rein finanziellen Betrachtungsweise der Unternehmensleistung. Um diesem Anspruch gerecht zu werden, baut die BSC, wie im vorhergehenden Kapitel angedeutet, laut Raps (2008, S. 236f) neben der finanziellen Betrachtungsweise auf drei weiteren Perspektiven auf. Gemäß dem ursprünglichen Konzept von Kaplan und Norton (1997, S. 9) sind diese, wie in Abbildung 1 dargestellt, neben der Finanz- als Kunden-, interne Geschäftsprozess- sowie Lern- bzw. Entwicklungsperspektive definiert. Dazu merkt Piser (2004, S. 149) an, dass die Perspektiven nicht dogmatisch auf jedes Unternehmen übertragbar sind. Er begründet dies damit, dass die Inhalte der BSC und somit ihre Perspektiven gänzlich auf die Unternehmensstrategie abgestimmt werden müssen, um im Kontext von Ursache und Wirkung zweckmäßig zu sein. Daraus leitet er ab, dass die Wahl der Perspektiven in letzter Konsequenz von ihrer Relevanz in Bezug auf die verfolgte Strategie abhängig zu machen ist.

Abbildung 1: Die vier Perspektiven der BSC
Quelle: Kaplan & Norton, 1997, S. 9

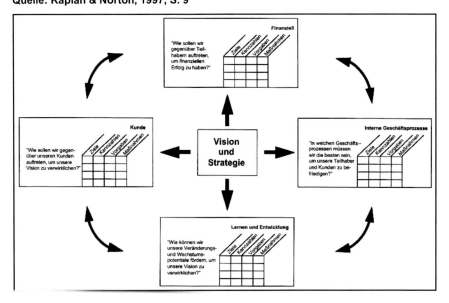

Wird der Begriff der BSC in seine Bestandteile „Balanced" und „Scorecard" geteilt und ins Deutsche übersetzt, so wird laut Pufahl und Happe (2004, S. 101) deutlich, dass die Perspektiven balanciert und deshalb gleichberechtigt zu behandeln sind. Der Autor folgert daraus, dass neben dem Beheben des Mangels einer eindimensionalen Betrachtung traditioneller Kennzahlensysteme ebenso eine Diskriminierung wesentlicher Erfolgsfaktoren durch die BSC ausgeschlossen wird.

Für jede der in Folge genauer betrachteten Perspektiven sieht die BSC nach Kaplan und Norton (1997, S. 9) vor, dass das Management Ziele im Einklang mit der verfolgten Strategie sowie unter Berücksichtigung bereits erwähnter Ursache-Wirkungs-Zusammenhänge formuliert. Um diese messbar zu machen sind geeignete Kennzahlen zu definieren. Im Anschluss müssen Vorgabewerte, die zu erreichen sind, festgelegt werden, um darauf aufbauend konkrete Maßnahmen zur Erfüllung der jeweiligen Ziele zu beschreiben. Lux (2010, S. 48) formuliert dazu, dass die Ziele des Unternehmens auf Teilziele heruntergebrochen, sowie Erfolgsfaktoren und geeignete Messgrößen definiert werden müssen. Daraus sind seiner

Auffassung nach geeignete Maßnahmen zu definieren. Es ist deshalb nach Auffassung des Autors festzuhalten, dass die BSC zum einen als Instrument auf Gesamtunternehmensebene, als auch auf darunterliegende organisatorische Einheiten kaskadier- und anwendbar ist.

3.2.2.1 Die Finanzperspektive

Nach der Auffassung von Gladen (2008, S. 402) soll die BSC nicht als Konzept verstanden werden, welches konträr zu traditionellen Kennzahlensystemen, nur auf nichtmonetären Größen aufbaut. Dies würde seiner Meinung nach dazu führen, dass die BSC entgegen ihren Anspruch, nicht balanciert wäre. Deshalb betrachtet er die finanzielle Perspektive der BSC als wichtigen Faktor, der das Erfolgsziel festhält und schlussendlich darüber Auskunft gibt, ob die verfolgte Strategie den Interessen der Unternehmenseigner dient. In ähnlicher Weise geben Kaplan und Norton (1997, S. 24) der Finanzperspektive große Bedeutung im Zusammenhang mit dem Ausweisen der wirtschaftlichen Konsequenz von Unternehmensaktivitäten. Sie soll demnach Aufschluss darüber geben, ob die verfolgte Strategie, sowie die daraus abgeleiteten Maßnahmen, einen positiven Einfluss auf den finanziellen Erfolg des Unternehmens haben.

Dabei finden laut Preißner (2002, S. 14f) vor allem Rentabilitätskennzahlen Anwendung. Er merkt jedoch an, dass auch Ziele wie z.B. Umsatzwachstum sinnvoll sein können, wenn das Unternehmen oder die jeweilige Geschäftseinheit noch nicht voll entwickelt ist.

3.2.2.2 Die Kundenperspektive

Die Kundenperspektive dient gemäß Schmeisser und Claussen (2009, S. 40f) dazu festzulegen, wie das Unternehmen seinen Kunden begegnen soll, um die Strategie bestmöglich umzusetzen. Dazu zählen sie u.a. Faktoren wie den wahrgenommenen Wert der Leistung bzw. des Produkts aus Kundensicht. Hierbei fügt Lux (2010, S. 15) Größen wie Kundentreue aber auch deren Rentabilität hinzu. Der Autor merkt an, dass basierend auf den Ergebnissen seiner ersten Bachelorarbeit ebenso die Verwendung des Customer Lifetime Value als potentielle

Kennzahl für den Wert der Kundenbeziehung aus Sicht des Unternehmens als günstig einzustufen ist.

Kaplan und Norton (1997, S. 24f) weisen darauf hin, dass die Kundenperspektive Aufschluss darüber geben sollte, welche Kundensegmente forciert werden sollen und welche Ergebnisse mit diesen erzielt werden sollen. Dem fügt Ehrmann (2007, S. 34) hinzu, dass die Kundenperspektive als besonders erfolgskritisch zu betrachten ist, da das Fördern von Kundenzufriedenheit die Kundenbindung erhöht, und letztlich die Orientierung am Kunden als potentieller Wettbewerbsvorteil geschaffen werden soll. Darüber hinaus erkennen Schmeisser und Claussen (2009, S. 41) den kausalen Zusammenhang zwischen der Kunden- und Finanzperspektive darin, dass durch erfüllen der Kundenbedürfnisse finanzielle Gewinne erzeugt werden.

Der Autor folgert, dass die Kundenperspektive einen wesentlichen Beitrag zur Operationalisierung einer kundenorientierten Strategie leistet, da sich diese Perspektive vornehmlich den Zielsetzungen und Aktivitäten im Zusammenhang mit Kunden widmet.

3.2.2.3 Die interne Prozessperspektive

Basierend auf der Erkenntnis, dass das Befriedigen von Kundenerwartungen zu finanziellen Erfolgsbeiträgen von Kunden führt, stellen Schmeisser und Claussen (2009, S. 40f) den weiteren Konnex zu den internen Prozessen des Unternehmens her. Demnach sind effektive und effiziente Geschäftsprozesse notwendig, um den Anforderungen von Kunden gerecht zu werden. Kaplan und Norton (1997, S. 25) fordern deshalb, dass in der internen Prozessperspektive jene Prozesse identifiziert werden, welche kritisch für den Erfolg sind und verbessert bzw. weiterentwickelt werden sollen. Über bereits bestehende Prozesse im direkten Zusammenhang mit Kunden hinaus erkennen sie die Notwendigkeit der Berücksichtigung von Innovationsprozessen wie im Bereich der Produktentwicklung. Dadurch sollen neben aktuellen Kundenprozessen auch jene Berücksichtigung finden, welche langfristig orientiert sind. In Folge ist gewährleistet, dass neben der kurzfristigen

Prozessgestaltung auch langfristige Prozesse, die erfolgskritisch für eine Strategie wirken, beachtet werden.

3.2.2.4 Die Lern- und Entwicklungsperspektive

Gladen (2008, S. 403f) sieht die Aufgabe der Lern- und Entwicklungsperspektive darin, mögliche Defizite zwischen aktuellem Entwicklungsstand hinsichtlich Knowhow, Fähigkeiten und Kompetenzen des Personals und den tatsächlichen Anforderungen der Strategie erkennbar zu machen, und zu beheben. Ehrmann (2007, S. 35) formuliert dazu, dass eine gewisse Infrastruktur vorhanden sein muss, um die Realisierung der vorhergehenden Perspektiven zu ermöglichen. Ihm zur Folge findet neben dem Personal auch die Nutzung von Informationstechnologien Einzug in die zugrundeliegenden Überlegungen dieser Perspektive.

Laut Schmeisser und Claussen (2009, S. 41) müssen Ziele definiert werden, die auf das Nutzen und Ausbauen von Potentialen innerhalb des Unternehmens zur Bewältigung aktueller als auch zukünftiger Herausforderungen zielen. Dadurch soll gemäß Kaplan und Norton (1997, S. 27) langfristiges Wachstum gesichert werden. Sie empfehlen deshalb sowohl Personalkennzahlen in Hinblick auf Aus- und Weiterbildung oder Mitarbeiterzufriedenheit, als auch Kennzahlen, die Aufschluss über die Qualität der eingesetzten Informationstechnologien geben.

Lux (2010, S. 48) fordert deshalb, dass diese Perspektive Ziele und Messgrößen beinhaltet, die Aufschluss sowohl über die Menschen, Systeme und die Organisation an sich geben.

3.2.3 Verwendung von Kennzahlen in der Balanced Scorecard

Da die Funktionen und Bedeutung von Kennzahlen bereits im Zuge von Abschnitt 3.1.1 erläutert wurden, soll an dieser Stelle ein Überblick über wichtige Erkenntnisse aus der wissenschaftlichen Diskussion hinsichtlich des Einsatzes von Kennzahlen in der BSC erfolgen.

Weber et al. (2006, S. 42) stellen grundsätzlich fest, dass die Wahl geeigneter Kennzahlen in Abstimmung mit den gesetzten Zielen erfolgen muss. Laut Kaplan und Norton (1997, S. 30) ist darauf zu achten, dass die BSC keine bloße Ansammlung von Kennzahlen ist, sondern eine sorgfältige Auswahl getroffen werden muss. Dabei sehen sie einen Vorteil darin einen Mix aus Ergebnis- und Leistungskennzahlen zu wählen, um den Erfolg der Strategie umfassend messen zu können.

Zwar bestehen laut Lux (2010, S. 58f) bereits Empfehlungen über einzusetzende Kennzahlen im Rahmen der BSC, diese sollten jedoch seiner Auffassung nach kritisch auf deren Zweckmäßigkeit für die jeweilige Strategie hinterfragt werden. Jedenfalls sollte darauf Wert gelegt werden ein Gleichgewicht von monetären und nichtmonetären Kennzahlen einzusetzen (Schmeisser & Claussen, 2009, S. 79). Dies ist auf die bereits erläuterten kausalen Zusammenhänge zwischen finanziellen und nichtfinanziellen Faktoren zurückzuführen. Um den Fokus von Management und Mitarbeitern auf die wesentlichen, erfolgskritischen Faktoren zu lenken, empfehlen Schmeisser und Claussen (2009, S. 77) das Verwenden von maximal 15 bis 25 Kennzahlen in der BSC.

3.2.4 Die Balanced Scorecard als Managementsystem

Gemäß Raps (2008, S. 241f) stellt die BSC ein Instrument dar, welches durch das Übersetzen der Unternehmensstrategie in ein Kennzahlensystem der Implementierung als auch Operationalisierung der Strategie dient. Er spricht ihr damit eine unterstützende Funktion im strategischen Führungsprozess zu.

In der wissenschaftlichen Auseinandersetzung der gesichteten Literatur (Ehrmann, 2007, S. 15; Kaplan & Norton, 1997, S. 11; Raps, 2008, S. 241f) besteht ein Konsens darüber, dass im Wesentlichen vier strategische Managementprozesse durch die BSC unterstützt werden. Als erster Prozess ist laut Kaplan und Norton (1997, S. 11) das Herunterbrechen von Vision und Strategie zu nennen. Dieser Prozess wurde bereits in den vorangegangenen Unterkapiteln erläutert, weshalb der Autor davon absieht die erneute Abhandlung vorzunehmen. Es erscheint jedoch wichtig an dieser Stelle zu betonen, dass das Management durch das Berücksichtigen von kausalen Zusammenhängen der einzelnen Perspektiven anhand der Verwendung einer Strategy Map insofern maßgeblich unterstützt wird, als dass eine konsistente und durchgängige Übertragung von Vision und Strategie in das Kennzahlensystem der BSC gewährleistet ist. Ebenso werden durch diesen Prozess kritische Erfolgsfaktoren ersichtlich.

Als zweiten wichtigen Unterstützungsbereich des Managements nennt Ehrmann (2007, S. 15) die Kommunikation von strategischen Zielen und den damit verbundenen Maßnahmen auf die nächsten Hirarchieebenen. Gladen (2008, S. 399) sieht dabei den Nutzen, komplexe strategische Sachverhalte anhand einer überschaubaren Anzahl und schlüssig gruppierter Kennzahlen und Maßnahmen den Mitarbeitern klar zu kommunizieren. Der Autor schließt daraus, dass die BSC dazu dienen kann, ein Bewusstsein für die verfolgte Strategie im Unternehmen zu schaffen.

Wird die BSC als Grundlage für den Budgetierungs- und Planungsprozess herangezogen, so wird weiters nach Auffassung von Raps (2008, S. 242) ein strategiekonformer Ressourceneinsatz gewährleistet. Dem stimmen Schmeisser und Claussen (2009, S. 52) zu und ergänzen, dass auf Basis der drei bis fünf Jahresplanung der einzelnen BSC Perspektiven Meilensteine heruntergebrochen werden können. Dadurch ist auch eine kurz- und mittelfristige Abweichungsanalyse zur strategischen Planung möglich.

Zuletzt erkennen Kaplan und Norton (1997, S. 15) eine Verbesserung des strategischen Lernprozesses. Dies ist eng mit vorangegangenem Punkt zu betrachten, da das Management durch die BSC die Möglichkeit erhält zeitnahes Feedback über die Performance des Unternehmens, nicht nur in finanzieller Hinsicht, zu erhalten.

Der Autor resümiert deshalb, dass die BSC über ihre Funktion als Kontroll- und Steuerungssystem hinaus wichtige Aufgaben erfüllt, die dazu beitragen sollen, dass strategische Ziele erreicht werden. Sie stellt sicher, dass eine konsistente Implementierung der strategischen Ausrichtung in allen erfolgskritischen Betrachtungen erfolgt und bildet die Grundlage für die operative Planung. Darüber hinaus trägt sie dazu bei das Strategiebewusstsein im Unternehmen zu etablieren und zu festigen.

4 Einsatz der Balanced Scorecard im Vertrieb

Dieses Kapitel dient der gesamtheitlichen Betrachtung des Optimierungspotentials im VM in Hinblick auf die Erreichung strategischer Ziele und in wie weit die BSC dabei als unterstützendes Instrument eingesetzt werden kann. Darüber hinaus sollen potentielle Problembereiche identifiziert werden, mit welchen der Einsatz der BSC im Vertrieb behaftet sein kann.

4.1 Potentialanalyse der Balanced Scorecard im Vertrieb

Gemäß Niven (2009, S. 310) stellt die BSC ein kaskadierbares Konzept dar. Demnach kann die Unternehmensscorecard aufgrund ihres vernetzten Charakters auf tieferliegende Unternehmenseinheiten, wie dem Vertrieb, heruntergebrochen werden. Mit dieser Erkenntnis stimmt auch Lux (2010, S. 48) überein, weshalb die Anwendbarkeit auf Ebene des Vertriebs, im Einklang mit der Gesamtunternehmensstrategie, als grundsätzlich möglich zu bewerten ist.

Um jedoch Aufschluss über den dadurch potentiell realisierbaren Mehrwert gegenüber der Steuerung anhand traditionell finanzorientierten Systemen zu erlangen, muss überprüft werden, in wie weit die BSC die im VM identifizierten Optimierungsbereiche unterstützt. Folglich ist die Analyse der BSC hinsichtlich der genannten Bereiche durchzuführen, um eine akkurate Aussage über die unterstützende Funktion beim Erreichen strategischer Ziele treffen zu können.

4.1.1 Ganzheitliche Vertriebsplanung durch die Balanced Scorecard

Sowohl auf langfristiger, strategischer als auch auf der kurzfristigen, operativen Planungsebene betrachten Schmeisser und Claussen (2009, S. 52f) das Vorhandensein der BSC als wirkungsvoll. Dabei verweisen sie in Bezug auf die Langfristplanung auf die durchgehende Formulierung von Zielen in Verbindung mit geeigneten Maßnahmenprogrammen. Insbesondere in der balancierten Betrachtung der Leistungsbereiche in Form der Perspektiven der BSC begründen sie deren Zweckmäßigkeit als Planungsrahmen. In weiterer Folge können davon ausgehend Implikationen für die kurzfristige Planung abgeleitet werden, welche dadurch in

Kongruenz mit der Strategie stattfindet. Dazu merkt Niven (2009, S. 310f) an, dass der in der Praxis festgestellte Mangel an Zusammenhang zwischen Budget und der Strategie, aufgrund von der Strategie losgelösten operativen, durch den Einsatz der BSC geheilt werden kann.

In diesem Kontext sind die Ausführungen von Wieseke und Rajab (2011, S. 262f) als relevant einzustufen, welche die Bedeutung von ursache- und wirkungsgerechter Budgetierung hervorheben. Demnach sollten Budgets so angesetzt werden, dass jene Maßnahmen finanziert werden können, welche im Einklang mit der Strategie stehen.

Der Autor folgert auf Basis der Erkenntnisse zur BSC, in welcher die Formulierung konkreter Maßnahmen zur Erreichung der Zielsetzungen manifestiert ist, dass die Vertriebsplanung sowohl auf lang- als auch kurzfristiger Ebene durch den Einsatz der BSC unterstützt wird. Die maßnahmengerechte Budgetierung wird dabei im Einklang zwischen lang- und kurzfristiger Maßnahmenplanung durchführbar, sodass für den strategischen Erfolg kritische Aktionen finanziert werden. Darüber hinaus behebt der Einsatz der BSC den von Pepels (2008, S. 68f) kritisierten Mangel einer einseitigen, finanziellen Betrachtung zu Lasten anderer wichtiger Leistungsfaktoren. Diesbezüglich halten Wieseke und Rajab (2011, S. 258ff) fest, dass klassische Planungs- und Steuerungsinstrumente an ihre Grenzen stoßen, sobald Aspekte wie Kundenbindung oder –zufriedenheit Einzug in die Planung halten sollen.

Somit kann die Auffassung von Biesel (2004, S. 174f) als legitimiert betrachtet werden, welcher der BSC, in Hinblick auf die gesamtheitliche Berücksichtigung aller Leistungsfaktoren im Vertrieb, eine positive Wirkung als Grundlage für das Erreichen strategischer Ziele attestiert.

4.1.2 Abstimmung der Vertriebsorganisation auf die Strategie entlang der Balanced Scorecard

Es konnte festgestellt werden, dass die Organisation des Vertriebs hinsichtlich des Aufbaus als auch des Ablaufs von Geschäftsprozessen auf die Strategie abgestimmt sein muss (Pufahl, 2010, S. 29). Unter Betrachtung der Erkenntnisse zur inhaltlichen Gestaltung der internen Prozessperspektive kann keine direkte Unterstützung des VM in Hinblick auf Entscheidungen über die Aufbauorganisation des Vertriebs nachgewiesen werden. Aus diesem Grund ist zu folgern, dass grundsätzliche Entscheidungen über genutzte Vertriebskanäle udgl. nicht in unmittelbarem Zusammenhang mit der BSC gebracht werden können.

Jedoch kann die BSC genutzt werden, um die Strategie hinsichtlich der Geschäftsprozesse zu operationalisieren. Gemäß Ehrmann (2007, S. 130f) kann durch Definition erfolgskritischer Prozesskennzahlen wie Durchlaufzeiten oder die Prozessqualität, im Sinne von beispielsweise der Anzahl Reklamationen, die Leistungserbringung unter Berücksichtigung der verfolgten Strategie genauer definiert werden. Der Autor sieht dabei den Nutzen, dass eventuelle Mängel innerhalb der Aufbauorganisation durch die Kontrolle der Prozesszielgrößen und deren Ist-Daten identifiziert werden. So könnte exemplarisch ein Überschreiten der festgelegten Prozessdurchlaufzeit im Beschwerdemanagement Indiz für eventuelle Unterbesetzung des Beschwerdemanagements sein.

Somit kann festgehalten werden, dass die Unterstützung betreffend der strategischen Ausrichtung der Aufbauorganisation des Vertriebs durch die BSC nicht zwangsläufig gegeben ist. Allenfalls ist jedoch die Identifikation geschäftskritischer Prozesse, bedingt durch deren ursächliche Wirkung auf andere Ziele der BSC, gegeben. Davon ableitbar sind Rückschlüsse auf die Aufbauorganisation, auf welchen Entscheidungen betreffend eine Reorganisation oder Adjustierungen in diesem Bereich möglich werden.

4.1.3 Systematische Personalentwicklung im Vertrieb anhand der Balanced Scorecard

Stock (2004, S. 133) belegt in ihrer Forschung, dass Humane Ressourcen von hoher strategischer Bedeutung für Unternehmen sind. Gemäß ihrer Ausführungen sind sie ein Schlüsselfaktor für das Realisieren der Strategie und den Unternehmenserfolg. Sie führt weiters an, dass mit zunehmender Komplexität der Marktgegebenheiten betreffend z.B. der Kundenbedürfnisse auch die Anforderungen an das Personal in Bezug auf deren Qualifikation in fachlicher als auch persönlicher

Kompetenz steigen. Somit kann ein kausaler Zusammenhang zwischen Marktanforderungen und den Anforderungen an das Vertriebspersonal festgestellt werden.

Durch das Herstellen einer Verbindung zwischen dieser Erkenntnis und der BSC wird ersichtlich, dass die BSC aufgrund der zugrundeliegenden Ursache-Wirkungsketten potentiell geeignet ist, um diesen Anforderungen gerecht zu werden. So ist eine kausale Brücke zwischen Zielen innerhalb der Kundenperspektive und jenen der Lern- und Entwicklungsperspektive herstellbar. Fokussiert der Vertrieb im Zuge der Strategie die Neukundenakquisition, muss im Sinne der Ursachen-Wirkungskette überprüft werden, ob die bestehende Vertriebsmannschaft über die dafür notwendige Kompetenz verfügt. Im Falle eines Kompetenzdefizits wäre das Festhalten von Personalqualifizierungszielen und dementsprechenden Maßnahmen innerhalb der Lern- und Entwicklungsperspektive notwendig.

Demnach kann durch das Anwenden der BSC ein systematisches Vorgehen in der Qualifizierungsarbeit der Vertriebsmitarbeiter begünstigt werden. Bedingt durch zugrundeliegende Ursache-Wirkungsketten kann auch dem von Biesel (2004, S. 269) festgestellten Problem des nicht zieladäquaten Weiterbildungseinsatzes Einhalt geboten werden, da Weiterbildungsmaßnahmen zuvor auf deren Wirkung im Gesamtkontext der BSC hinterfragt werden müssen.

4.1.4 Kommunikation der Vertriebsstrategie durch die Balanced Scorecard

Als wesentliches und zugleich grundliegendes Kriterium für das Realisieren der Vertriebsstrategie wurde das von Homburg et al. (2010, S. 27f) geforderte Kommunizieren selbiger identifiziert. Wie in Abschnitt 3.2.4 festgestellt werden konnte, ist der BSC aufgrund ihrer Architektur der Charakter eines geeigneten Vehikels zur Kommunikation strategischer Stoßrichtungen zuzuschreiben. Dabei konnten insbesondere die schlüssige Darstellung einander beeinflussender Ziele sowie überschaubare Anzahl erfolgskritischer Kennzahlen identifiziert werden.

Bei Betrachtung der Kommunikationsfunktion von Kennzahlen an sich ist zu hinterfragen, in wie weit die BSC im Sinne der Kommunikationsfunktion traditioneller Kennzahlensysteme überlegen ist. Um dies zu klären, ist auf die Erkenntnisse von Speculand (2009, S. 170) zu verweisen. Er betrachtet die Kommunikation der Strategie als Schlüsselfaktor zur Realisierung selbiger, wirft allerdings die Problematik auf, dass diese alleine nicht ausreichend sei. Vielmehr müssen die umsetzenden Mitarbeiter darüber aufgeklärt sein, welche Maßnahmen ergriffen werden müssen. Dazu führt Niven (2009, S. 310f) aus, dass die BSC ob ihrer Architektur und der Berücksichtigung weicher Faktoren innerhalb der Perspektiven, sowie durch konkret formulierte Maßnahmen wesentlich dazu beiträgt, dass Mitarbeiter den Zusammenhang ihres Handelns und dessen Wirkung auf das Gesamtergebnis wesentlich besser herstellen können.

Bei zugrundelegen dieser Erkenntnis wird ersichtlich, dass die Kommunikationsfunktion traditioneller Kennzahlensysteme stark eingeschränkt ist. Die BSC hingegen kann diesbezüglich, aufgrund der in ihr fest verankerten Maßnahmen, als vorteilhaft hervorgehoben werden.

Dies wird durch die Studie von Gedat und Salfeld (2005, S. 15) im Unternehmen Marc O'Polo bekräftigt. Dem Ergebnis zu Folge konnte Marc O'Polo durch den Einsatz der BSC die Transparenz der Strategie auf Mitarbeiterebene ehöhen und folglich das Strategiebewusstsein stärken.

4.1.5 Leistungsbezogene Entlohnung auf Basis der Balanced Scorecard

Insbesondere der Steuerung der Vertriebsmitarbeiter durch leistungsbezogene Entlohnungssysteme basierend auf der BSC wird in der wissenschaftlichen Auseinandersetzung (Artz, 2011, S. 326; Dannenberg & Zupancic, 2008, S. 176; Homburg et al., 2010, S. 148f; Jensen, 2004, S. 397f) hohes Erfolgspotential beigemessen.

Die Praxis hat gemäß Artz (2011, S. 309) gezeigt, dass der Motivations- und Steuerungseffekt durch das Anwenden leistungsabhängiger Entlohnung, vor allem im Vertrieb, einen nachweislich positiven Effekt auf den Unternehmenserfolg haben kann. Bezugnehmend auf die notwendige Professionalisierung im Vertrieb halten Dannenberg und Zupancic (2008, S. 174) fest, dass ein Festhalten an eindimensionalen, umsatzbezogenen Gehaltssystemen nicht mehr zweckgemäß ist. Der Autor betrachtet dabei vor allem den kurz gegriffenen Zielhorizont umsatzbezogener Ziele als kritisch. Homburg et al. (2010, S. 153) formulieren hierzu, dass bedingt durch kurzfristige und ausschließlich umsatzbezogene Systeme der Leistungsentlohnung dazu führen, dass hauptsächlich bestehende und umsatzstarke Kunden forciert werden. Dies führt wiederum dazu, dass wichtige Punkte wie Neukundengewinnung außen vor bleiben. Sie beobachten auch die negative Erscheinung, dass die Tendenz dazu besteht, langfristig negative Verhaltensweisen wie unproportionale Preisnachlässe zu gewähren um mögliche Umsatzeinbußen zu kompensieren.

Für den Vertrieb bieten sich deshalb nach Jensen (2004, S. 397f) solche Systeme an, die neben Ergebniszielen ebenso Verhaltensziele beinhalten. In Konsequenz dessen verweist er auf die BSC als geeignete Grundlage, da diese eine balancierte Basis aus finanziellen, verhaltensorientierten und weichen Faktoren, wie die Kundenzufriedenheit, vorgibt. Greiner und Gábris (2010, S. 1) unterstreichen dies in ihrem White Paper vor allem in Hinblick auf die Verhaltenssteuerung um gesetzte Ziele der Strategie umzusetzen.

Basierend auf den Erkenntnissen über die BSC kann festgestellt werden, dass die Orientierung leistungsbezogener Entlohnungssysteme im Vertrieb anhand der vier Perspektiven der BSC positiv zu bewerten ist. Dabei können die festgestellten Mängel der Eindimensionalität rein finanzorientierter Systeme, als auch der zu kurz gehaltene Zielhorizont behoben werden. Da die strategisch, langfristige Betrachtung der BSC in Meilensteine auf z.B. Jahres- und Mitarbeiterbasis heruntergebrochen werden kann, ist ebenso eine gesamtheitliche Verankerung der Strategie in den Zielvereinbarungen der Vertriebsmitarbeiter gewährleistet. Darüber hinaus ist der Vorteil zu nennen, dass die BSC, bedingt durch die zugrundeliegenden Ursache-Wirkungsketten, sicherstellt, dass potentiell in Konflikt stehende Ziele der Vertriebsmitarbeiter eliminiert werden können. Bezugnehmend auf die zunehmende Bedeutung der strategischen Ausrichtung am Kunden hebt Jensen (2004, S. 397) die weitere Vorteilhaftigkeit der BSC hervor. Er begründet dies damit, dass kundenbezogene Maßnahmen, wie das Erstellen eines Neukundengewinnungskonzepts, erst zeitverzögert Niederschlag in der Kundenzufriedenheit finden. Um dieses Ergebnis überhaupt erzielen zu können, müsse seiner Auffassung nach jedoch bereits der Anreiz durch Entlohnung der erfolgreichen, vorgelagerten Maßnahme gesetzt werden. Der Autor sieht in dieser Argumentation die positiv zu bewertende Integration strategischer Ziele auf operativer Maßnahmenebene.

Aufgrund der starken Steuerungswirkung leistungsbezogener Entlohnungssysteme und der vollzogenen Schlüsse kann deshalb attestiert werden, dass der Einsatz der BSC als Grundlage dieser einen positiven Beitrag zur Realisierung strategischer Ziele im Vertrieb leistet.

4.2 Problembereiche der Balanced Scorecard im Vertrieb

Trotz der vollzogenen Argumentation betreffend der Einsatzpotentiale der BSC im Vertrieb weisen Wieseke und Rajab (2011, S. 260) darauf hin, dass dieses Konzept nicht von Problemen in dessen Einsatz befreit ist. Der Autor erachtet deshalb die Diskussion der wesentlichsten Problemfelder der BSC als Instrument des VM an dieser Stelle für sinnvoll.

4.2.1 Problembereich der Einführung der Balanced Scorecard

Ob der augenscheinlichen Einfachheit des BSC Konzepts sind Unternehmen gemäß Niven (2009, S. 415f) dazu verleitet, sich auf das intuitive Vorgehen der Mitarbeiter sowohl in Hinblick auf das Generieren als auch der Einführung der BSC zu verlassen. Dieses Vorgehen führt seiner Auffassung nach zu mangelhaften Umsetzungen bzw. dem Versagen der BSC als Instrument strategischen Managements. In der Praxis stellen Weber et al. (2006, S. 15) dabei fest, dass die BSC häufig unreflektiert als neue Verpackung bewährter Kennzahlen verstanden und dem entsprechend eingeführt wird. Schmeisser und Claussen (2009, S. 58) betonen abschließend dazu, dass gerade diese Implementierungsphase ausschlaggebend für den Wert der BSC in der Praxis ist.

Durch die festgestellten Gegebenheiten, geprägt von vorwiegend intuitiven anstelle systematischen Vorgehens im Vertrieb (Homburg et al., 2010, S. 2), kann dieser Bereich als problematisch betrachtet werden.

Um diese Problematik zu eliminieren, ist gemäß Niven (2009, S. 415f) eine tiefergehende Auseinandersetzung mit der Methodik der BSC in Form von Schulungen der involvierten Einheiten durchzuführen. Gemäß Weber et al. (2006, S. 15ff) sollte das Einführen der BSC als umfassendes Projekt betrachtet werden, welches entlang des von Kaplan und Norton (1997, S. 284ff) vorgeschlagenen Implementierungspfades, durchgeführt werden kann.

4.2.2 Mangelnde Akzeptanz durch Mitarbeiter oder Management

Schmeisser und Claussen (2009, S. 58) als auch Niven (2009, S. 416) zu Folge ist der Erfolg oder Misserfolg der BSC stark von der Akzeptanz und Unterstützung des Managements abhängig. Dies wird dadurch untermauert, dass die Konzeptions- und Intergrationsphase vorrangig durch das Management getragen werden muss, da hier die grundliegenden Entscheidungen der Strategieformulierung, Wahl geeigneter Perspektiven und das Ableiten geeigneter Ziele, Messgrößen und Maßnahmen getroffen werden.

Piser (2004, S. 159) verweist hierbei zusätzlich auf die Akzeptanz der Mitarbeiter. Seiner Auffassung nach geht die Integration der BSC mit einem Veränderungsprozess einher, der ein Umdenken der Vertriebsmannschaft bedingt. Hierin betrachten auch Wieseke und Rajab (2011, S. 260f) ein potentielles Problemfeld der BSC im Vertrieb. Sie führen weiter aus, dass dies auf die Art der verwendeten Kennzahlen zurückzuführen ist. Hierbei beobachten sie, dass die Akzeptanz neuer Kennzahlen, welche weiche Faktoren wie die Kundenbindung messen, geringer ausfällt als bei solchen, die bereits bekannte wirtschaftliche Faktoren messen. Darin begründet sehen sie die Tendenz sich innerhalb der BSC vornehmlich auf finanzielle Ziele zu stützen, was entgegen der ursprünglichen Konzeption des Systems wirkt und dadurch dessen hervorgekehrten Wert als Steuerungsinstrument wesentlich mindert.

4.3　Würdigung der Balanced Scorecard im Vertrieb

In der wissenschaftlichen Auseinandersetzung mit den Gebieten des Vertriebsmanagements und der BSC existieren zahlreiche Werke, welche die beiden Forschungsgegenstände detailliert untersuchen. Der Autor konnte im Zuge seiner Recherche feststellen, dass die Auseinandersetzung mit dem Einsatz der BSC als Instrument des VM in einer Gesamtbetrachtung bislang nur unzureichend stattgefunden hat. Die Verbindung und Diskussion der beiden Gebiete findet dabei zumeist in Form spezialisierter Unterfragen, wie jener betreffend leistungsbezogener Enlohnungssysteme (Homburg et al., 2010, S. 148ff; Jensen, 2004, S. 398), oder der Vertriebsstrategieentwicklung (Pufahl, 2010, S. 142ff), statt.

Durch die vollzogene Zusammenführung der Erkenntnisse aus den Abschnitten zum VM und der BSC, unter besonderer Berücksichtigung der identifizierten Optimierungsbereiche des VM, konnte glaubhaft dargestellt werden, dass das Konzept der BSC grundsätzlich geeignet ist um beschriebene Mängel zu beheben und dadurch zum Realisieren der Vertriebsstrategie beiträgt.

Über diese Erkenntnisse hinaus bietet die zuvor bereits erwähnte Studie von Gedat und Salfeld (2005, S. 15f) weitere Anhaltspunkte der Eignung der BSC als Instrument des VM. So sehen sie kurzfristig deutliche Potentiale der BSC als Instrument des VM, hinsichtlich der Steigerung der Mitarbeitermotivation sowie im Bereich der Klarheit über Verantwortlichkeiten. Langfristig betrachtet sind die positiven Effekte in der Verstärkung der Leistungskultur und im Bereich der Mitarbeiterweiterentwicklung vorzufinden. Sowohl lang- als auch kurzfristig können ihrer Forschungsarbeit nach das erhöhte Strategiebewusstsein, eine effektivere Kommunikationsstruktur sowie Lerneffekte aufgrund der Verdeutlichung von Ursache-Wirkungsketten beobachtet werden.

5 Abschließende Betrachtung

Dieser Abschnitt dient der Zusammenfassung der wesentlichen Erkenntnisse der vorliegenden Arbeit. Im Anschluss daran wird die der Arbeit zugrundeliegende Forschungsfrage im Zuge des Fazits beantwortet sowie der Forschungsprozess vom Autor kritisch reflektiert bevor dieser seine Empfehlung für weitere Forschungsarbeiten abgibt.

5.1 Zusammenfassung der Erkenntnisse

Das mit dieser Arbeit verfolgte Ziel gilt der Ermittlung des Potentials der BSC in Hinblick auf deren Verwendung als Instrument des VM, um das Realisieren der Vertriebsstrategie zu fördern.

Zu diesem Zweck wurde zunächst der Forschungsgegenstand des Vertriebs in Bezug auf dessen Aufgaben und Eingliederung in den Unternehmenskontext untersucht. Dabei konnte festgestellt werden, dass dem Vertrieb, ob seiner Aufgabe Absatz zu generieren, kritische Bedeutung in Bezug auf den Fortbestand des Unternehmens zukommt. Darauf aufbauend wurde dargelegt, dass der strategischen Ausrichtung des Unternehmens, bedingt durch die Verschärfung der Wettbewerbsbedingungen, immer höhere Bedeutung zukommt. Die davon kongruent abzuleitende Vertriebsstrategie, sowie deren Umsetzung, konnten als kritische Erfolgsfaktoren der aktuellen Vertriebsarbeit identifiziert werden.

Im Zuge der genauen Analyse der Wirkungsbereiche des VM konnten jedoch Defizite hinsichtlich der Operationalisierung und Umsetzung der Vertriebsstrategie identifiziert werden. Diesen zu Grunde liegend konnten zum einen mangelnder Zusammenhang zwischen Strategie und operativen Wirken, als auch fehlende Berücksichtigung aller relevanten, nicht finanziellen Leistungsfaktoren identifiziert werden. Ursächlich begründet, liegen diese Mängel in dem bestehenden Professionalisierungsbedarf innerhalb des Vertriebs. Die konkreten Optimierungspotentiale umfassen demnach die Verbesserung einer ganzheitlichen Vertriebssicht im Zuge der Planung, welche neben finanziellen auch qualitative Größen berücksichtigt, die

Ausrichtung der Vertriebsorganisation an der verfolgten Strategie, die Systematisierung der Mitarbeiterentwicklung, sowie die Steigerung des Strategiebewusstseins im Vertrieb und den strategiekonformen Einsatz leistungsbezogener Entlohnungssysteme.

Im Zuge der anschließenden Betrachtung von finanzorientierten Kennzahlensystemen und dem PM wurden wesentliche Unterschiede in deren Eignung als Steuerungsinstrument in Bezug auf das Realisieren der Vertriebsstrategie festgestellt. Anhand der exemplarischen Abhandlung des Du Pont und ZVEI Kennzahlensystems wurde ersichtlich, dass diese durch deren starken Vergangenheitsbezug, sowie der Betrachtung reiner Finanzwerte, zu Lasten nicht finanzieller Leistungstreiber nur in erheblich eingeschränkter Form zur Steuerung des Vertriebs geeignet sind. Hingegen konnten dem PM zugrundeliegenden Performance Measurement nachgewiesen werden, durch das explizite Berücksichtigen nichtmonetärer Leistungsfaktoren, sowie der, durch die starke Verbindung mit der Strategie bedingten, Zukunftsorientierung diese Mängel zu beheben.

In Hinblick auf die Forschungsfrage wurde die BSC, als ein dem PM zurechenbares Konzept, genauer untersucht. Das von Kaplan und Norton entwickelte System bewies sich dabei einerseits als Kennzahlensystem und andererseits als integriertes Managementkonzept mit ausgeprägtem Strategiebezug. Dies liegt darin begründet, dass die BSC auf Grundlage von Ursache-Wirkungsketten konzipiert wurde, um die Operationalisierung von Strategien zu unterstützen. Als wesentliches Merkmal des Konzepts konnte darüber hinaus der ausdrücklich balancierte Bezug auf finanzielle und nichtfinanzielle Größen herausgearbeitet werden. Dabei sieht die originäre Konzeption der BSC vier Perspektiven vor, die finanzielle, kundenorientierte sowie prozess- und entwicklungsbezogene Inhalte widerspiegeln. Besonders hervorzuheben ist dabei, dass jede der Perspektiven konkrete Ziele, Kennzahlen, Vorgabewerte und geeignete Maßnahmen zur Realisierung der Ziele beinhaltet.

Basierend auf der vollzogenen Diskussion der BSC können ihre Stärken in der mehrdimensionalen Betrachtung der Strategie, dem Beheben der strikt finanziellen Ausrichtung finanzorientierter Systeme, dem ausgeprägten Strategiebezug sowie ihrer, bedingt durch die einfache Architektur, Kommunikationsfunktion festgehalten werden.

Im letzten Schritt der wissenschaftlichen Auseinandersetzung wurden die Problembereiche des VM hinsichtlich der Umsetzung der Strategie mit den Erkenntnissen zum PM und im speziellen der BSC in Verbindung gebracht. Dabei wurde zunächst durch das Belegen der Kaskadierbarkeit der BSC die grundsätzliche Einsatzfähigkeit selbiger in einer einzelnen Unternehmenseinheit belegt. Hinsichtlich der gesamtheitlichen Betrachtung des Vertriebs im Zuge der Planung konnte der BSC durch ihren Strategiebezug und den zugrundeliegenden Ursache-Wirkungsketten eine unterstützende Wirkung nachgewiesen werden. Ebenso im Bereich der systematischen Personalentwicklung konnte, bedingt durch die kausale Verzahnung von Lern- und Kundenperspektive der BSC, ein positiver Beitrag festgestellt werden. Die stärksten Effekte wurden in den Bereichen der Kommunikation der Strategie auf tiefer gelegene Hierarchiestufen und in Verbindung mit leistungsbezogenen Entlohnungssystemen festgestellt. Ersteres liegt in der für Mitarbeiter schlüssigen Architektur sowie den enthaltenen Maßnahmen begründet, welche es ermöglichen das eigene Handeln in Bezug zur verfolgten Strategie zu setzen. Durch die starke Wirkung leistungsorientierter Entlohnung, speziell im Vertrieb, kann - durch die Verbindung solcher Systeme mit der BSC - eine konsequente Verhaltenssteuerung in Kongruenz mit der Strategie erfolgen.

Im Potentialbereich der Ausrichtung der Vertriebsorganisation konnte hingegen keine unmittelbar unterstützende Funktion der BSC festgestellt werden. Jedoch können die im Rahmen der internen Prozessperspektive definierten und gemessenen Prozesse beobachtet werden und bei Abweichungen Rückschlüsse auf mögliche Defekte der Aufbauorganisation gezogen werden.

Über die positiv zu bewertenden Effekte, die durch den Einsatz der BSC im Vertrieb erzielt werden können, wurden potentielle Problembereiche die damit einhergehen können identifiziert. Dabei sind zum einen Mängel in der Methodenkompetenz bei der Einführung der BSC zu nennen, welche den Wert des Instruments nachhaltig schmälern. Zum anderen konnte die Gefahr mangelnder Akzeptanz durch das Management oder der Mitarbeiter identifiziert werden.

5.2 Fazit des Autors

Basierend auf den Erkenntnissen dieser Arbeit zieht der Autor folgend sein Fazit zur Beantwortung der Forschungsfrage:

Wie kann die BSC im Vertrieb zur Erreichung strategischer Ziele beitragen und welche Potentiale bzw. Problembereiche ergeben sich dabei gegenüber der Anwendung rein finanzorientierter Kennzahlensysteme?

Begründet in der ausgeprägten Manifestierung der Strategie innerhalb der BSC ist diese als optimales Bindeglied zwischen Strategie und operativer Umsetzung im Vertrieb zu bewerten. Die Vertriebsstrategie kann durch das Berücksichtigen von finanziellen als auch weichen Faktoren, wie beispielsweise der Kundenzufriedenheit oder der Prozessqualität, umfassend in die operative Planung und Steuerung implementiert werden. Darüber hinaus wird durch den Einsatz der BSC ein erhöhtes Strategiebewusstsein im Vertrieb geschaffen, was eine Verhaltensänderung zu Gunsten der Strategiekongruenz bewirkt. Dies wird vor allem dann erreicht, wenn die BSC als Grundlage leistungsorientierter Entlohnungssysteme dient. In weiterer Folge kann die Erreichung strategischer Ziele aufgrund der kausalen Verkettung einzelner Zielgrößen dahingehend gefördert werden, dass konkurrierende Ziele erkannt und eliminiert werden können. Damit einhergehend können potentielle Wissens- oder Fähigkeitsdefizite identifiziert und durch setzen geeigneter Maßnahmen eliminiert werden. Dies wiederum führt zu einer Stärkung der Position des Vertriebs im Wettbewerbsumfeld.

Da traditionell finanzorientierte Kennzahlensysteme den Mangel einer umfassenden Betrachtung aller Leistungsgrößen, im speziellen jener nichtmonetärer Natur, aufweisen, kann ihnen im aktuellen, verschärften Wettbewerbsumfeld nur stark eingeschränkte Unterstützung in Hinblick auf das Erreichen strategischer Ziele unterstellt werden. Dem gegenüber gehen jedoch mit der Implementierung der BSC im Vertrieb potentielle Problembereiche einher. Diese finden ihren Ursprung in einer unzureichenden Methodenkompetenz in der Verwendung der BSC, als auch in einem möglichen Mangel an Akzeptanz durch das Management oder der Mitarbeiter.

5.3 Kritische Reflexion des Forschungsprozesses

Im Verlauf der Arbeit wurden die Forschungsmaterien zunächst gesondert untersucht und diskutiert. Die Verbindung der gewonnen Erkenntnisse erfolgte in einem separierten Prozess, um die Nachvollziehbarkeit der Zusammenführung der Materien zu gewährleisten. Der Autor erachtet dieses Vorgehen dahingehend als bewährt, als dass das logisch-deduktive Erarbeiten der Ergebnisse dadurch unterstützt wurde. Darüber hinaus wurde der Zusammenführung der Forschungserkenntnisse und dem Ableiten neuer Erkenntnisse der gebührende Raum gewährt.

Es wurde verdeutlicht, dass das Entwickeln einer abstrakten BSC nur der Veranschaulichung zu dienen hat, da diese auf die jeweilige Strategie abzustimmen ist und somit nicht als einfach zu multiplizierendes Konzept verstanden werden soll. Der Autor erkannte aufgrund dessen die Notwendigkeit von seinem ursprünglichen Konzept abzulassen, um die vertiefte Diskussion von VM-Potentialbereichen und der BSC zu führen, anstatt eine exemplarische BSC zu entwickeln. Er erachtet dieses Vorgehen als einen qualitativen Beitrag zum Forschungsergebnis der Arbeit durch das Verknüpfen der unterschiedlichen Aspekte beider Materien.

5.4 Empfehlung zur weiterführenden Forschung

Der Autor resümiert, dass, ob der gebotenen Kürze der Arbeit und dem im Kontrast dazu stehenden Umfang des Forschungsgebietes, die weitere Spezialisierung der Materie vermutlich positive Wirkung auf die Tiefe der Forschungsergebnisse gezeigt hätte. Vor allem erachtet er das Anwenden empirischer Forschungsmethoden für folgende Forschungsarbeiten als zweckdienlich, um weitere Erkenntnisse aus der Praxis für die Wissenschaft zugänglich zu machen.

Der Autor empfiehlt deshalb eine empirische Studie mit mehreren Unternehmen zur Authentifizierung der gewonnenen Erkenntnisse dieser Arbeit und der Beantwortung der Forschungsfrage:

Welche positiven und negativen Effekte können in der Praxis während und nach der Einführung der BSC im Vertrieb, in Hinblick auf das Realisieren strategischer Ziele, erkannt werden?

Literaturverzeichnis

Artz, M. (2011). Anreiz und Vergütungssysteme im Vertrieb. In C. Homburg, & J. Wieseke, *Handbuch Vertriebsmanagement* (S. 307 - 334). Wiesbaden: Gabler Verlag - Springer Fachmedien GmbH.

Berger, D. (2010). *Wissenschaftliches Arbeiten in den Wirtschafts- und Sozialwissenschaften.* Wiesbaden: Gabler Verlag - Springer Fachmedien GmbH.

Biesel, H. H. (2004). *Turnaround im Vertrieb.* Wiesbaden: Betriebswirtschaftlicher Verlag Dr. Th. Gabler - GWV Fachverlage GmbH.

Dannenberg, H., & Zupancic, D. (2008). *Spitzenleistungen im Vertrieb.* Wiesbaden: Betriebswirtschaftlicher Verlag Dr. Th. Gabler - GWV Fachverlage GmbH.

Dehr, G., & Donath, P. (1999). *Vertriebsmanagement.* München: Carl Hanser Verlag.

Ehrmann, K. (2007). *Balanced Scorecard.* Ludwigshafen: Friedrich Kiehl Verlag GmbH.

Eschenbach, R., & Siller, H. (2011). *Controlling Professionell.* Stuttgart: Schäffer-Pöschel Verlag.

Gedat, A., & Salfeld, A. (2005). Betriebsmarkenführung mit Hilfe der Balanced Scorecard. In D. Ahlert, B. Becker, H. Evanschitzky, J. Hesse, & A. Salfeld, *Exzellenz in Markenmanagement und Vertrieb* (S. 3 - 17). Wiesbaden: Betriebswirtschaftlicher Verlag Dr. Th. Gabler - GWV Fachverlage GmbH.

Gilles, M. (2002). *Balanced Scorecard als Konzept zur strategischen Steuerung von Unternehmen.* Frankfurt am Main: Peter Lang GmbH.

Gladen, W. (2008). *Performance Management.* Wiesbaden: Betriebswirtschaftlicher Verlag Dr. Th. Gabler - GWV Fachverlage GmbH.

Greiner, O., & Gábris, S. (Januar 2010). *Execution Excellence - A straight answer to strategy implementation problems.* Abgerufen am 5. April 2012 von Fachartikel / Interviews - Horváth & Partners Management Consultants: http://www.horvath-partners.com/fileadmin/media/PDF/de/04_Publikationen/20100118_WP_Strategy_Execution.pdf

Hesse, J. (2004). *Erfolgsforschung im Vertrieb.* Wiesbaden: Deutscher Universitäts-Verlag - GWV Fachverlage GmbH.

Hofbauer, G., & Hellwig, C. (2009). *Professionelles Vertriebsmanagement.* Erlangen: Publicis Kommunikations Agentur GmbH.

Homburg, C., Schäfer, H., & Schneider, J. (2010). *Sales Excellence - Vertriebsmanagement mit System.* Wiesbaden: Gabler Verlag - Springer Fachmedien Wiesbaden GmbH.

Jensen, O. (2004). Kundenorientierte Vergütungssysteme. In C. Homburg, *Perspektiven der marktorientierten Unternehmensführung* (S. 393 - 408). Wiesbaden: Deutscher Universitäts-Verlag - GWV Fachverlage GmbH.

Jung, H. (2007). *Controlling.* München: Oldenbourg Wissenschaftsverlag GmbH.

Kaapke, A., van Baal, S., Pfaffhausen, A., & Pfeil, H. H. (2007). *Outsourcing Vertrieb.* Aachen: Shaker Verlag GmbH.

Kaplan, R. S., & Norton, D. P. (1997). *Balanced Scorecard: Strategien erfolgreich umsetzen.* Stuttgart: Schäffer-Poeschel Verlag für Wirtschaft - Steuern - Recht GmbH.

Krohmer, H. (2004). Die Rolle einer marktorientierten Kultur im Kontext der Strategieimplementierung. In C. Homburg, *Perspektiven marktorientierter Unternehmensführung* (S. 145 - 174). Wiesbaden: Deutscher Universitäts-Verlag - GWV Fachverlage GmbH.

Lang, E. (2007). *Die Vertriebsoffensive.* Wiesbaden: Betriebswirtschaftlicher Verlag Dr. Th. Gabler - GWV Fachverlage GmbH.

Lechner, K., Egger, A., & Schauer, R. (2008). *Einführung in die Betriebswirtschaftslehre*. Wien: Linde Verlag Wien G.m.b.H.

Lux, W. (2010). *Performance Management*. Stuttgart: W. Kohlhammer GmbH.

Martinez, V., Kennerley, M., Harpley, R., Wakelen, R., Hart, K., & Webb, J. (2010). Impact of Performance Measurement and Management Systems. *Journal of the Institute of Management Services (Vol. 54 Number 2)*, S. 42-47.

Mensch, G. (2008). *Finanz-Controlling*. München: Oldenbourg Wissenschaftsverlag GmbH.

Mugler, J. (2008). Sichtweisen (in) der Betriebswirtschaftslehre - Wissenschaft aus der Perspektive der Betriebswirtschaftslehre. In D. Rössl, *Die Diplomarbeit in der Betriebswirtschaftslehre* (S. 19 - 55). Wien: Facultas Verlags- und Buchhandels AG.

Müller, A. (2005). *Strategisches Management mit der Balanced Scorecard*. Stuttgart: W. Kohlhammer GmbH.

Nagl, K., & Menthe, T. (2010). *Neue Methoden für einen effektiven Vertrieb*. Sternenfels: Verlag Wissenschaft & Praxis - Dr. Brauner GmbH.

Niven, P. R. (2009). *Balanced Scorecard*. Weinheim: Wiley-VCH GmbH & Co KGaA.

Olve, N.-G., Roy, J., & Wetter, M. (1999). *Performance Drivers*. West Sussex: John Wiley & Sons Ltd.

Pepels, W. (2010). *Lexikon Vertriebsmanagement*. Düsseldorf: Symposion Publishing GmbH.

Pepels, W. (2008). *Vertriebsleiterhandbuch - Erfolge im Verkauf planen und steuern*. Düsseldorf: Symposium Publishing GmbH.

Piser, M. (2004). *Strategisches Performance Management*. Wiesbaden: Deutscher Universitäts-Verlag - GWV Fachverlage GmbH.

Preißner, A. (2002). *Balanced Scorecard im Vertrieb und Marketing.* München: Carl Hanser Verlag.

Pufahl, M. (2010). *Vertriebscontrolling.* Wiesbaden: Gabler Verlag - Springer Fachmedien Wiesbaden GmbH.

Pufahl, M., & Happe, G. (2004). *Innovatives Vertriebsmanagement.* Wiesbaden: Betriebswirtschaftlicher Verlag Dr. Th. Gabler, GWV Fachverlage GmbH.

Raake, A. (2008). *Strategisches Performance Measurement.* Berlin: LIT Verlag Dr. W. Hopf.

Raps, A. (2008). *Erfolgsfaktoren der Strategieimplementierung.* Wiesbaden: Betriebswirtschaftlicher Verlag Dr. Th. Gabler - GWV Fachverlage GmbH.

Reinecke, S. (2004). *Marketing Performance Management.* Wiesbaden: Deutscher Universitäts-Verlag - GWV Fachverlage GmbH.

Rössl, D. (2008). Vorhandene Auusagen als Erkenntnisquelle. In D. Rössl, *Die Diplomarbeit in der Betriebswirtschaftslehre* (S. 177 - 188). Wien: Facultas Verlags- und Buchhandels AG.

Schimank, C., & Wehrli, H. P. (2006). Performance Management: Bestandteile einer Gesamtarchitektur. In P. Horvath, & A. Mountfield, *Performance Management in der Praxis* (S. 9 - 20). Zürich: Versus Verlag AG.

Schmeisser, W., & Claussen, L. (2009). *Controlling und Berliner Balanced Scorecard.* München: Oldenbourg Wissenschaftsverlag GmbH.

Schreyögg, G., & Koch, J. (2010). *Grundlagen des Managements.* Wiesbaden: Gabler Verlag - Springer Fachmedien GmbH.

Specht, G., & Fritz, W. (2005). *Distributionsmanagement.* Stuttgart: W. Kohlhammer GmbH.

Speculand, R. (2009). Six necessary mind shifts for implementing strategy. *Business Strategy Series (Vol. 10 Iss: 3)* , S. 167 - 172.

Stegmüller, W., & Anzengruber, M. (September 2010). Verantwortungsgerechte Steuerung im Vertrieb. *Zeitschrift für erfolgsorientierte Unternehmenssteuerung - Controlling (Heft 8/9)* , S. 456 - 462.

Steinle, C. (2005). *Ganzheitliches Management.* Wiesbaden: Betriebswirtschaftlicher Verlag Dr. Th. Gabler - GWV Fachverlage GmbH.

Stock, R. (2004). Marktorientiertes Personalmanagement: Erfolgsrelevanz und Bedeutung im Rahmen der marktorientierten Unternehmensführung. In C. Homburg, *Perspektiven der marktorientierten Unternehmensführung* (S. 119 - 144). Wiesbaden: Deutscher Universitäts-Verlag - GWV Fachverlage GmbH.

Strasser, W. (2004). *Erfolgsfaktoren für die Unternehmensführung.* Wiesbaden: Betriebswirtschaftlicher Verlag Dr. Th. Gabler - GWV Fachverlage GmbH.

Wagenhofer, A. (2010). *Bilanzierung und Bilanzanalyse.* Wien: Linde Verlag Wien GmbH.

Weber, J., & Sandt, J. (2001). *Erfolg durch Kennzahlen.* Vallendar: WHU Otto-Beisheim-Hochschule.

Weber, J., Linnenlücke, A., & Krügerke, C. (2009). *Herausforderungen im Vertriebsmanagement.* Weinheim: Wiley-VCH Verlag GmbH & Co. KGaA.

Weber, J., Radtke, B., & Schäffer, U. (2006). *Erfahrungen mit der Balanced Scorecard Revisited.* Weinheim: Wiley-VCH Verlag GmbH & Co. KGaA.

Wieseke, J., & Rajab, T. (2011). Planung und Steuerung im Vertrieb. In C. Homburg, & J. Wieseke, *Handbuch Vertriebsmanagement* (S. 245 - 279). Wiesbaden: Gabler Verlag - Springer Fachmedien GmbH.

Winkelmann, P. (2010). *Marketing und Vertrieb - Fundamente für die Marktorientierte Unternehmensführung.* München: Oldenbourg Wissenschaftsverlag GmbH.

Winkelmann, P. (2003). *Vertriebskonzeption und Vertriebssteuerung.* München: Verlag Franz Vahlen GmbH.

Anhang

Anlagenverzeichnis

Anhang 1: Das Du Pont System of Financial Control 53

Anhang 2: Das ZVEI Kennzahlensystem 54

Anhang 1: Das Du Pont System of Financial Control
Quelle: Lechner, Egger, & Schauer, 2008, S. 80

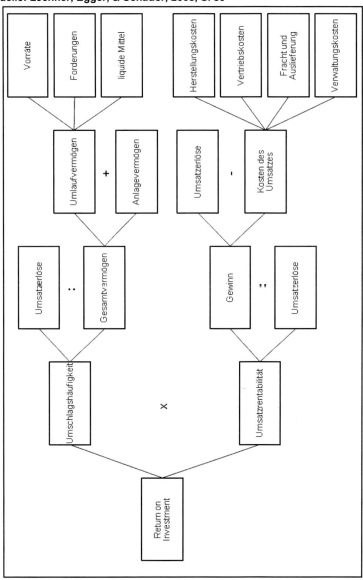

Anhang 2: Das ZVEI Kennzahlensystem
Quelle: Mensch, 2008, S. 211

Wachstumsanalyse

Wachstumsgrößen

| Geschäftsvolumen | Personal | Erfolg |

Strukturanalyse

Spitzenkennzahl

Eigenkapital - Rentabilität

Kennzahlengruppen

	Rentabilität	Liquidität	
Ergebnis	Vermögen	Kapital	Finanzierung / Investition
Aufwand	Umsatz	Kosten	Beschäftigung	Produktivität